审计优秀博士学位论文文库（2011）

SHEN JI YOU XIU BO SHI XUE WEI LUN WEN WEN KU

军队绩效审计推广应用研究

JUN DUI JI XIAO SHEN JI TUI GUANG YING YONG YAN JIU

张惠英　著

中国时代经济出版社

序

在人类历史发展的长河中，人类社会的每一次重大发展，总是以思想的进步和观念的更新为先导；审计工作的每一次重大进步，也是以审计理论的创新和理念的突破为基础。当前，世情、国情、党情继续发生深刻变化，改革发展的任务繁重而艰巨，审计工作面临许多新情况和新问题，客观上要求我们在理论上给予回答、提供思路和方法，审计理论研究工作更为重要，任务更为紧迫和艰巨。

审计理论研究要始终坚持立足全局，在经济社会发展全局和历史长河中去考量。开展任何一项工作、任何一项理论研究，都不能仅仅盯着这项工作、这个领域。国家审计作为国家政治制度的重要组成部分，受人民委托履行监督职责，是保障国家经济社会健康运行的"免疫系统"，是国家治理的一个重要方面和途径，国家治理的需求决定了国家审计的产生，国家治理的目标决定了国家审计的方向。从一定意义上讲，一部审计史也是一部国家兴衰史，是一部国家治理发展史，是一部体现不同利益博弈、不同思想交锋、不同文化碰撞、不同制度变迁的历史。因此，审计理论研究必须立足于国家政治制度、经济制度、历史文化传统这个大环境，放在国家治理这个大系统中，放在民主法治建设这个大过程中，放在中国特色社会主义制度这个大背景中去研究，这样，才能真正理解和把握国家审计的本质及价值所在。立足全局，也要防止好高骛远、包打天下，要找准定位，从全局考虑和解决问题。

审计理论研究要始终坚持实践至上，为审计事业的科学发展服务。理论来源于实践，是实践经验的凝集和升华，是客观规律的集中反映。审计工作是实践性很强的工作，理论工作者不能在象牙塔里搞研究，关起门来做学问，坐在井底论天下，需要到实践中去寻找研究的结论和问题的答案。中国审计有着三千多年的历史，中国共产党领导下的审计走过了七十多年的历程，新中国审计制度也建立三十年了。中国审计在延绵不断、逐步发展的历程中，积累了十分丰富的实践经验。这些经验凝结了一代又一代审计人的辛劳和汗水、智慧和才华，也蕴含着国家审计特定的运行轨迹和发展规律，需要我们去发掘利用、梳理雕琢，使之升华为服务于中国特色社会主义事业的中国特色社会主义审计理论，成为当今和未来审计实践的指南。

审计理论研究要始终坚持解放思想，求真务实，勇于创新。毛主席说过，"人类的历史，就是一个不断地从必然王国向自由王国发展的历史"，"人类总得不断地总结经验，有所发现，有所发明，有所创造，有所前进"。任何事物都有一个发生发展的过程，人们对事物的认识也有一个不断完善的过程，以前是正确的认识，未必适合当前情况，反之亦然。所以，审计理论研究工作者不能头脑僵化、思维封闭、人云亦云，不能受条条、框框、本本的束缚，要有"敢为天下先"的勇气和胆略，不唯书、不唯上、只唯实，坚持用发展的眼光和创新的精神，去探索规律，要善于从新情况、新问题中提炼、归纳出新的经验，做出新的理论概括，使中国特色社会主义审计理论在发展中体现继承，在继承中推动发展。

审计理论研究要始终坚持博采众长，融会贯通，厚积薄发。理论是学习、借鉴和创新的产物。搞审计理论研究，一定要站得高一些，望得远一些，眼界宽一些，胸怀大一些。要学习古今中外的各种知识，特别是学习政治、经济、法律、历史方面的知识，善于从经济社会发展的历史脉络中找寻审计的发展规律；要学习一切适合中国实际的好做法和好经验，善于向其他的领域、别的国家借鉴经验，使我们的研究更有深度、更有成效。同时，要善于判断和选择，注重精准深入，讲求质量精髓，能够取其精华，并使其本土化、中国化，真正为我所用。审计理论研究还要有坐"冷板凳"的气量，杜绝浮躁和急功近利的心态，防止"快餐式"文化，力求出精品和高端产品。

审计理论研究要始终坚持科学的观点、立场和方法，处理好专业与普及的关系。要以历史的、辩证的、发展的、过程的观点和全局意识、战略意识来进行审计理论研究。现在有一种倾向，认为理论研究越是艰深晦涩越是学问高深，追求大量的术语堆砌。这种将理论研究绝对学院化、书斋化的做法，是不符合马克思主义理论研究观的。列宁曾说过，"最高限度的马克思主义等于最高限度的通俗化"。邓小平同志也曾指出，"马克思主义并不玄奥，是很朴实的东西、很朴素的道理"。广大审计理论研究工作者要力求把抽象、深刻、复杂的道理用直白、浅显、通俗的语言表达出来，把若干同志在若干年中形成的实践经验、共同做法和共同认识，用大家都可以接受的语言表述出来，起到审计理论与审计实践之间的"转换器"功能。同时，审计理论研究也是广大审计一线人员的任务，要广泛动员，形成研究大军。

为了切实推动国家审计理论研究，引导和鼓励国内高等院校和科研院所博士生研究国家审计理论，加强理论研究人才队伍建设，培养高层次审计人才，促进国家审计事业健康发展，我倡议审计署每年组织开展一次审计优秀博士论文评选，将入选的优秀论文出版，建立一个"审计优秀博士学位论文文库"。

恩格斯曾经说过，"一个民族要想站在科学的最前列，就一刻也不能没有理论思维"。中国特色社会主义审计制度在不断健全和完善，中国特色社会主义审计理论体系在不断创新和发展。衷心希望有越来越多的有志之士投身到审计理论研究工作中来，也衷心希望有越来越多的优秀审计理论研究成果问世，在中国特色社会主义审计理论发展史上留下浓墨重笔。若此，甚慰。

是为序。

二〇一二年十月于北京

目　　录

序 ……………………………………………………… 刘家义　001

摘要 ……………………………………………………………… 001

Abstract ………………………………………………………… 004

导论 …………………………………………………………… 009

第一章　军队绩效审计的价值定位 …………………………… 027

　第一节　军队绩效审计内涵 ………………………………… 027

　第二节　军队绩效审计的价值增值 ………………………… 037

　本章小结 …………………………………………………… 041

第二章　军队绩效审计的功能定位 …………………………… 042

　第一节　军队审计的功能拓展 ……………………………… 042

　第二节　军队绩效审计可更高层次地解除经济受托责任 …… 046

　第三节　军队绩效审计更有利于决策有用 ………………… 050

　第四节　军队绩效审计可促进价值增值 …………………… 053

　本章小结 …………………………………………………… 056

第三章　军队绩效审计推广应用的可行性 …………………… 057

　第一节　军队绩效审计推广应用的条件 …………………… 057

　第二节　军队绩效审计推广应用具有的可借鉴经验 ……… 063

　第三节　军队绩效审计推广应用的制约因素 ……………… 066

　本章小结 …………………………………………………… 069

第四章　军队绩效审计推广应用的总体思路 ………………… 070

　第一节　军队绩效审计推广应用的目标 …………………… 070

第二节　军队绩效审计推广应用的模式选择 ……………………… 072

第三节　军队绩效审计推广应用的基本途径 ……………………… 077

本章小结 ………………………………………………………………… 084

第五章　选择重点领域进行试点先行 ……………………………… 085

第一节　对军队绩效预算改革项目实施绩效审计 ………………… 085

第二节　推行装备经费绩效审计 …………………………………… 089

第三节　推进战备工程项目绩效审计 ……………………………… 095

第四节　加大领导干部经济责任审计中的绩效审计比重 ………… 099

本章小结 ………………………………………………………………… 105

第六章　构建科学的军队绩效审计评价体系 …………………… 106

第一节　构建军队绩效审计评价体系应注意的问题 ……………… 106

第二节　构建军队绩效审计评价体系的方法 ……………………… 108

第三节　军队绩效审计评价标准的选择与制定 …………………… 131

本章小结 ………………………………………………………………… 135

第七章　完善军队绩效审计推广应用的支持环境 ……………… 136

第一节　政策法规的支持 …………………………………………… 136

第二节　组织管理的支持 …………………………………………… 138

第三节　制度环境的支持 …………………………………………… 142

本章小结 ………………………………………………………………… 148

结论 ……………………………………………………………………… 149

附录1　军队绩效审计评价体系设计量表 ……………………… 151

附录2　军队绩效审计评价体系设置维度与绩效改进关系重要性

调查问卷 ……………………………………………………… 153

参考文献 ……………………………………………………………… 156

后记 ……………………………………………………………………… 165

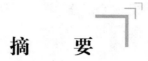

摘　　要

目前，公共部门经济运行中出现的问题很多是体制、制度和管理水平的问题，以致各方更加关注公共资源配置的合理性和有效性，公共部门开始更加关注绩效和绩效监督，绩效时代悄然来临。在新公共治理改革的大环境下，绩效审计也发展壮大起来。绩效审计不仅仅是发达国家的产物。无论是出于军队资金支出压力考虑，还是出于学习以及与发达国家审计制度接轨的角度考虑，军队部门也应该对责任和绩效高度关注，要求军队审计监督内容逐步从合规性监督向合规性和绩效并重转变。实践证明，一套好的制度安排能有效地降低管理成本，促进先进、合理行为的发生和发展，同时减少和抑制落后或不合理行为的发生。军队绩效审计作为一种制度选择，对约束军队部门行为、提高军队运行效率、提高军队资金使用效益有着重要作用。

近些年来，军委、总部和各级单位越来越重视绩效审计工作，军队审计部门先后在一些重点领域对绩效审计进行了试点，军队绩效审计发展势头已初现端倪。但是，军队绩效审计领域的研究仍处于探索阶段，理论研究和审计实践都还只是初步的、零星的。对于军队绩效审计的价值功能、战略环境和战略执行策略至今仍然没有形成共识，如何进一步推动军队绩效审计改革，未来发展方向如何取舍，是目前亟待解决的问题。因此，本文在现有成果的基础上展开研究，试图经过深入研究，达到解决上述问题的目的。军队绩效审计的推广应用研究，对于提高军队部门运行效率、真正建立起与绩效时代相适应的军队绩效审计推广应用战略具有实践指导意义，对完善军队绩效审计理论体系研究具有一定的理论价值。

本文运用实证和规范研究相结合、定性与定量相结合的方法，从引入价值增值理念出发，对军队绩效审计功能进行拓展，来分析军队绩效审计推广应用的必要性。并通过对军队绩效审计推广应用条件的分析，提出军队绩效审计推广应用的总体思路，从而设定军队绩效审计推广应用的战略目标，进行战略选择，并设计实现目标的具体实施途径。

全文分为导论、正文和结论三个部分。正文共分为七章，围绕着"价值、功能定位（必要性）——战略环境分析（可行性）——战略执行（具体实施）"这条主线展开。

导论部分，阐述研究的背景和选题的意义，对国内外绩效审计研究成果进行了梳理，指出了已有研究成果的不足和今后研究需要解决的问题。在此基础上，提出了本文的研究思路和研究方法，并列出了本文的研究框架。

第一章和第二章阐明军队绩效审计推广应用研究的必要性。在分析军队绩效问题的基础上，结合国内外学者定义的绩效审计，提出军队绩效审计概念，分析其特点，将绩效审计与财务收支审计、绩效管理、绩效评价、绩效预算含义进行比较，分析它们之间的联系和区别。探讨军队绩效审计的核心价值，提出价值增值应贯穿军队绩效审计的全程。然后，在价值定位基础上，提出军队绩效审计功能拓展的三个方面。

第三章从理论和实际出发，分析军队绩效审计推广应用存在的可行性。主要分析了军队绩效审计推广应用应该具有的条件、已经获得的实践经验、从国内外绩效审计实践中可吸收借鉴的经验，并分析了目前存在的制约因素。

第四章阐明军队绩效审计推广应用的总体思路。通过分析军队绩效审计推广应用的战略目标、应该做出的战略选择，提出战略实施的基本途径。

第五章至第七章为战略实施的具体对策建议。详细论述了军队绩效审计推广应用的三个基本途径：一是选择重点领域进行试点先行。具体分析了在军队绩效预算改革项目、装备经费、战备工程项目和领导干部经济责任审计四个方面如何推广应用绩效审计。二是构建科学的军队绩效审计评价体系。包括构建评价体系应注意的问题，分析基于设计维度与绩效改进关系的评价体系构建方法，评价标准的选择与制定。三是完善军队绩效审计推广应用的支持环境。详细分析需要完善的政策法规、组织管理和制度环境三大支持体系。

结论部分，总结了论文的研究成果，并就未来该领域的持续研究进行展望。

论文的创新点在于：

一是引入了军队绩效审计价值增值的观念，为军队绩效审计功能拓展提供了方向，提出引入价值增值能促进军队绩效审计更多地发挥建设性作用。

二是提出了军队绩效审计推广应用的总体思路。确定了军队绩效审计推广应用的战略目标，分析了要做出的战略选择，并提出实施战略的基本途径，使军队绩效审计推广应用的思路更加清晰。

三是提出了基于设置维度与绩效改进关系来构建军队绩效审计评价体系的方法。论文提出了设置维度与绩效改进存在紧密关系的观点，通过问卷调查了解设置维度对绩效改进关系的重要性来调整设计量表，并结合某军队工程项目的绩效审计评价体系论证了基本假设，提出了基于设置维度与绩效改进关系构建评价体系的模型框架。

军队绩效审计推广应用研究具有较强的时代气息，是一个需要遵循军队绩效审计发展规律的课题。本文还有许多问题尚待进一步深入研究：

一是，坚持军队绩效审计推广应用的持续研究。紧跟军队绩效审计发展进程，结合推广应用的实际效果，调整绩效审计研究的方向，致力于合理规划军队绩效审计改革路径的未来取向和实现途径。

二是，深化军队绩效审计评价体系的研究。构建军队绩效审计评价体系，要尽可能抓住与审计对象最为密切的关键绩效指标（KPI），还要进行具体评价标准的制定，以及如何组织军队绩效审计评价工作的研究。因为，设计有效的绩效审计评价指标只是开发和实施一个良好绩效审计评价体系的起点，然而决定评价什么和怎样评价则是军队绩效审计工作的重点。

三是，根据国外实践经验和做法，绩效审计研究大多是实证研究。本文第六章也对评价体系与绩效改进的关系进行了实证研究，但限于自身条件，目前并没能获得大量统计数据资料进行比较分析。本文只是构建了数理模型，在今后的军队绩效审计实践中，根据不断积累的审计数据再对模型结论进一步验证。因而，论文的结论是较为初步的，有待于今后日益充实的审计数据资料来验证数理模型结论的科学性。

关键词： 军队绩效　军队绩效审计　推广应用　策略

Abstract

Currently, the public sectors in economic operations appear many problems that lie in terms of system, institutional and management, the parties pay more attention to the rationality and effectiveness of public resource allocation, making the public sector more attention to performance and performance monitoring, performance era tiptoes. In the new environment of public governance reform, performance audit also grows up. Performance audit is not just in developed countries. Whether it is for the pressure from military capital expenditures, or for learning and the need of consistent with developed audit system, the military departments should be required that the equal attention to the responsibilities and performance, require that the object of military audit and supervision content change progressively from the regulatory compliance to the compliance and performance equally. Practice has proved that good system arrangements can reduce effectively management costs, and promote the emergence and development of advanced and reasonable behavior, reduce and suppress the occurrence of backward and unreasonable behavior. The performance audit in the army as a system selection has an important role on that constraining behavior from the military sector, improving the efficiency of the armed forces, improving capital efficiency.

In recent years, the Central Military Commission headquarters and at all levels increasingly emphasis on performance audit work, the army audit department has in some key areas conducted a pilot of performance audit, and military performance audit has emerged development momentum. However, a study in the field of military performance audit is still in the exploratory stage, theoretical research and audit practices are still preliminary, sporadic. For the value function of the military performance audit, the strategic environment and strategic execution strategy are still no consensus. How to further promote the reform of the military performance audit, how to choose the future direction of development, are urgent problems. Therefore, this paper launched on the basis of existing research, in – depth study tries to achieve the purpose of solving the above problems. Study on the spread and application of military performance audit, for improving the efficiency of the military department, really setting up the strategy about the spread and application of military performance audit and adaptation to the times, has practical significance. And on improving the theoretical system of military performance audit has some theoretical value.

This paper uses a combination of empirical and normative research, qualitative and quantitative methods, starting from the introduction of the concept of value added, then expanding the military performance audit function to analyze the need for the spread and application of military performance audit. By the analysis of application conditions, putting forward to the general idea, which is set to promote the strategic objectives of the application of military performance audit and strategic choices and to design specific ways to achieve goals.

Thesis consists of three parts including an introduction, body and conclusion. The text is divided into seven chapters. The main lines around the "value, function (necessity) – strategic environmental analysis (feasibility) – strategy execution (specific implementation)".

Introduction, describes the background of the topic and significance of the research, combs the research results at home and abroad for the performance audit, points out the lack of existing research and problems are needed to solve in future research. On this basis, it also has proposed research ideas and methods, and listed the research framework.

The first two chapters illustrate the need for researching the promotion and application of military performance audit. Based on the analysis of military performance problems, combined with defined performance audit from scholars, it puts forward the concept of military performance audit and analyzes its characteristics, compares and analyzes the contact and differences between the performance audit and the auditing, performance management, performance evaluation, performance budget. After investigating the core values of military performance audit, the text puts forward value – added should be made throughout the military performance audit and three function expansion of military performance audit based on the value proposition.

The third chapter analyzes the feasibility from the theoretical and practical in the promotion and application of military performance audit. The main analyzes that the military performance audit should have the conditions to promote and apply, has been gained from the performance audit practice at home and abroad, can learn from the experience and exist the constraints currently.

Chapter IV clarifies the general idea of the military performance audit to promote and apply. By analyzing the strategic objectives, strategic choices should be made, the basic approach of strategy implementation is proposed.

Chapters V to chapter VII are specific suggestions of strategy implementation. The text discusses in detail the three basic ways to promote and apply the military performance audit: the first is to select focus areas to pilot first, a detailed analysis of how to promote and apply performance audit at four aspects of reform in the military performance budget projects, equipment expenses, readiness projects and leading cadres economic responsibility audit. The second is to build a scientific evaluation system for military performance audit including the problem the construction of evaluation system should be noted, analysis the construction methods of evaluation system based on the relationship between the designed dimensions and performance improvement, selection and formulation of evaluation criteria. The third is to improve support environment about the promotion and application of the military performance audit and analyze in detail the three support system of the need to improve policies and regulations, organizational management and institutional environment.

Concluding section summarizes the findings of the paper, and prospects for the future ongoing research in this field.

Innovative points in this thesis are:

First, the introduction of the value added concept of the military performance audit provides direction for the military performance audit function expansion, the introduction of value – added contributes to play a more constructive role in the military performance audit.

Second, the general idea of the promotion and application of military performance audit is proposed. It determines the promotion and application of the strategic objectives about military performance audit, analyzes the strategic choices to be made, and propose the basic ways to implement strategy that make the idea of the promotion and application of military performance audits more clearly.

Third, the method is proposed based on the relationship between the dimensions provided and performance improvement to build the military performance audit evaluation system. Thesis makes a point that there is a close relationship between dimensions provided and performance improvement. To adjust the scale designed, the text uses questionnaires to understand the importance of the relationship between dimensions provided and performance improvement and combines with the performance audit evaluation system of a military project to demonstrate the basic assumptions. The final, it makes the model framework of the evaluation system is based on the relationship between the dimensions and performance improvement.

Keeping up with the times, studying on the promotion and application of military performance audit is a subject that needs to follow the law of development of the military performance audit. In this paper, there are many issues to be further study:

First, we need to insist on continuing study on the promotion and application of military performance audit. Following the development process of military performance audit, combined with the practical effect, research will adjust the direction, dedicate to plan the future – oriented way and approach of military performance audit in reforms.

Second, we need to deepen the study of military performance audit evaluation system. Constructing of military performance audit evaluation system, needs to study closely to key performance indicators (KPI) as most closely with the Audit object, also formulate the specific evaluation standards, as well as how to organize the evaluation of military performance audit. Because it is just a good starting point we design effective performance audit evaluation indexes for developing and implementing the evaluation system of performance audit. However, what is decided to evaluate and how to evaluate is the focus of the military performance audit work.

Third, according to the foreign experience and practice, performance audit studies are mostly empirical research. The sixth chapter is also an empirical research on the relationship between the evaluation system and performance improvement, but limited to our own conditions, currently, we cannot compare on the basis of getting a lot of statistical data. This article just construct a mathematical model for in study, in the future practice, according to the accumulation of audit data we can further validate the conclusions of the model. Thus, the conclusions of the paper are preliminary and need by increasingly fulfilling future audit data to make scientific testing of the conclusions of mathematical model.

Key Words: Army performance, Military performance audit, The promotion and application, Strategy

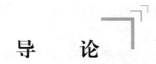

导　论

一、研究背景与问题的提出

（一）新军事变革时期军事经济管理面临的挑战

世界新军事变革加速推进，战争形式转变，军队建设转型，我国国防建设以及军事经济建设处于更加复杂的国际环境中。针对未来信息化战争的特点和规律，转变军事经济管理方式与提高军事经济管理水平的改变是同步的，这是探索适应未来战争的军事经济保障新途径的最直接、最有效方式。

军事经济工作最经常、最大量、最重要的是管理工作。军事经济管理的首要任务应该是国防和军队建设中的重大现实问题，落实到军事经济管理实际，则是使军事经济管理中的各项重要工作、大型活动和重要决策，都有利于贯彻落实国防和军队建设科学发展观，有利于加快战斗力生成模式的转变，有利于实现党和国家的战略目标。这就要求我们必须坚持向提高战斗力聚焦用力，向构建和谐的军事经济管理环境方面进行谋划建设，树立与科学发展观相适应的思想观念，解决与科学发展观不相适应的突出问题，真正实现在军事经济管理各个方面贯彻落实科学发展观。

军事经济管理科学发展观要求军队建设合理而经济地运行，基于信息化条件下战争的"经济战"属性，尤其需要在努力提高军事经济效益上下功夫，提高军事经济效益便成为一切军事经济管理的中心问题。军事经济效益不仅是一个多层次的概念，同时也是一个动态概念。其主要包括两方面的内容：一是物质成果（如军事工程的建设成果、装备经费的利用成果等）；二是军事效果（如战斗力、杀伤力、安全度等）。提高军事经济效益，涉及整个军队管理的方方面面，包括正确处理兵员数量、素质与武器装备技术水平的关系；正确选择武器装备发展重点和优化结构，科学进行兵力编组；有效地促进军事经济潜力生成，并在必要时迅速动员，将其转化为军事实力；合理规划军事投资投入产出比等一系列具体问题。而所有的问题汇集到一点，就是要在尽可能节约军费的条件下，创造尽可能大的物质军事力量，尽可能快地提高军队建设质量，最终向提高战斗力聚焦用力。

军事经济管理背负着如此重大的责任，亟须一种新的管理理念和方法推动军队实施战略计划、实现战略目标，需要一种行之有效的方法促进军事经济管理变革的实施，落实军队管理责任的有序履行，改进军事经济管理过程和评价军事经济管理效果。随着军事经济管理体制改革的不断推进，这个问题将越来越紧迫而明确地摆在我们面前。

（二）绩效管理是落实国防和军队建设科学发展的客观要求

军事经济管理工作需要用科学发展观进行指导，抓好落实是关键之所在，提高保障能力是最终目的。但是，长期以来，军事经济存在的"管理无效"现象始终挥之不去。面对军事经济管理实践中的绩效不明显，众多研究者和管理者已经意识到绩效的改进和评价问题非常重要。多少年来，人们一直在探索可以令人满意的方法途径对军事经济管理绩效进行改进、测量、评价甚至判断。

近三十年来，随着英美等发达国家新公共管理运动的兴起，新管理主义思想作为一种全新的思潮开始引入公共管理领域，包括军事管理领域。在这一过程中，绩效管理和绩效评价作为一种评价和改进绩效的管理实用工具，逐渐在实践中得到普遍应用。那么什么是绩效管理呢？请先看一个引例。

【案例】英国的移民运送故事

这是历史上一个成功的绩效管理案例。17世纪至18世纪，英国为扩展势力，用私人船舶将罪犯和新教徒强制地大量运送到澳大利亚大陆，由政府给船主支付每个移民的运费，并且运费与装上船时的犯人的数量直接挂钩，即政府采用离岸付款制。船主们很积极，尽量多装犯人上船，因此，在运输途中犯人吃、喝、治病的成本也相应地会多。但是，船主们并不想增加成本，这样就造成了照顾不周，犯人的死亡率很高的现象。政府采取了制定严厉的法律、派遣监督官员和医生随行等一系列的措施，不仅死亡率无法降下来，后来连监督官员和医生也不明不白地死了。

后来，一位英国议员意识到问题的所在，是由于运送犯人的付费制度存在重大缺陷。政府采用离岸付款制，使得船主在离岸前就按人数拿到钱，至于到岸时的人数与付款制度无关，船主为了降低成本就出现了上述行为，致使犯人死亡。

为此，政府一方面要使用激励方法，提高运费标准；另一方面要使用考核方法，改革结算办法，将"离岸付款"改为"到岸付款"。问题迎刃而解。船主主动积极作为，想方设法让犯人健康抵达澳大利亚，以获得更多的收入。新的运费支付制度下，犯人的平均死亡率很快下降到1%以下，甚至为零。

案例中，船主与犯人仍然是行为的主体和客体，所有问题的解决却只源于一个新的制度，这就是制度的力量。制度建设对组织管理起着重要作用，制度设计好不好，要通过评价机制产生的效果来判定，这就是绩效思想。这一案例也告诉我们，绩效管理可能是解决军事经济管理低效率乃至无效率的"钥匙"。即使是美国这样物质基础雄厚、军事经济潜力巨大的国家，都不得不将绩效放在军事经济管理中的首要位置，来提高资金的利用率。最明显的例子是，作为一个把国家安全策略转化为军事需要和年度预算的有力工具"规划 - 计划 - 预算"制度（Planning - Programming - Budgeting Systm，简称 PPBS），也于 2005 财年开始被"规划、计划、预算执行"制度（Planning - Programming - Budgeting execution System，简称 PPBE）来取代。这是美国国防预算制度的重大变革，其中的"E"就是对绩效的强化，除了强化预算编制与军事作战能力的结合，还加强了对已投入经费的预算执行和绩效评估。PPBE 这种富有效率的国防预算制度，为实施经费控制提供了良好的制度环境，直接提高了经费的使用效益。

20 世纪 90 年代以来，随着军队监督意识和成本意识逐渐增强，我军也开始结合国家建设发展实际，引入现代绩效管理的理念、方法和技术，开始在军事经济管理中注入绩效管理思想。但就建立科学的军队绩效管理制度而言，仍然存在着价值导向不够清晰、评价主体欠整合、评价指标体系不够科学、绩效信息不够透明、评价方法不够专业、评价结果运用不佳等问题。具体表现为：

第一，绩效管理与战略管理脱节。绩效管理本质上应是实现军事战略的工具，而我们所谓的绩效管理，其实还停留在传统绩效考核的阶段，不能主动与军事战略管理挂钩，提供战略层面的服务。最终容易出现绩效管理只是走过场，摆业绩，行为严重短期化，不利于军事战略的实施。

第二，绩效管理缺乏其他管理系统的支持和配合。军队绩效管理过程中，军队绩效预算、军队绩效考评和军队绩效审计都应是军队绩效管理的坚实支撑。三者的有机结合，可以整合评价主体，使绩效信息更加透明，评价指标体系也可以相互借鉴使用。资源实现有效整合，不仅能减少管理环节的重叠，减少军事资源的浪费，更重要的是，它能将绩效管理理念深入到军事经济管理更宽更广的程度，通过强调对客观数据、政策的评价以对军事经济活动进行评估，从而监督整个军事经济管理流程，提升军事经济管理的经济性、效率性和效果性，杜绝管理中的盲目性与任意性，为军队绩效管理打下坚实的基础，最终能够提高军队战斗力。

可以说，推进中国特色军事变革，我们既要积极吸收借鉴外军建设的有益经验，最大限度地发挥后发优势，又要从国情军情出发，坚持我军的优良传统和作风，以客观的指标作为管理的依据，合理确定绩效管理目标、选择最佳的战略模式和实施具体有效的全过程军队绩效管理。

（三）绩效时代如何实施军队绩效审计是个亟待解决的问题

美国政府是最早引入绩效管理的，其他国家纷纷效仿，兴起了"政府再造"运动。西方政府改革展开了以绩效管理为核心的改革，随着改革的推进，绩效管理的内容也逐渐深化。目前，全球有近50个国家采用了绩效预算，世界进入了"不看宣言，要看效果"的绩效时代。

在绩效管理改革进程中，政府越来越突破原有的传统职能，在社会经济领域发挥重要作用，同时在保障社会经济的发展方面也承担着更加重要的责任。对政府绩效及其责任的高度关注，使人们对提高公营部门支出效果、厘清经济责任的要求愈来愈严。基于此，在美国和其他许多国家的审计先后从单纯的财务审计逐步发展到了绩效审计，绩效审计目前已成为一股风靡全球的浪潮，成为现代审计发展不可逆转的大趋势。它不仅引起审计范围的拓展，而且还推动整个现代审计向纵深空前发展。

不难看出，绩效管理环境下，成本效益观念、绩效管理或绩效评估的做法得到了广泛认可。一方面，对政府权力的限制与制约在形式上已不限于刻板的规则和条文，而是变过去的规则控制为严明的绩效目标控制；另一方面，对绩效评估的重视推动了理论研究、经验积累以及人才培养等方面取得积极成果，为提高绩效审计能力创造了良好的条件，使绩效审计的发展不仅有必要而且成为可能。

在现代审计史上，绩效审计的引入是划时代的产物。基于审计的本质是一种独特的经济控制，审计过程即是一种控制过程。绩效审计则是旨在促进受托经济责任中的绩效责任得到全面有效履行的一种控制工具。担负着生产国家安全这样一种纯公共产品的军队，在我国军费开支增加，军事投资、装备建设等军事项目大力发展的情况下，所承担的受托经济责任的内容和范围与以前相比已经大不相同，军队是否也应该不失时机地选择并接受绩效审计这一经济控制工具呢？我们认为，答案是肯定的。军队绩效审计作为推动军队经济责任意识加强的重要外部监督力量，其发展不仅符合军队审计自身发展的需求，也能为有效促进军事经济管理、提高国防现代化建设效益开阔视野、激发活力。军队绩效审计通过对军队经费的使用效益和军事部门管理行为的效果进行审计，能促进军事经济管理职能有效实现，夯实绩效管理基础。具体而言，通过对军队经费支出合法性及合规性的审查，加强了军事部门的内部控制；对军事资源进行合理高效的分配，提高了工作效率，并保证责任落实到位，确保军队预算公开透明等；通过对军队预算等一系列经费管理制度安排的评价，分析其是否充分发挥了作用，取得了预期的成效，进而评价军事经济行为是否产生了积极影响。

尽管主观上我们对军队绩效审计的重要性认识能形成一致，但是要全面推广应用军队绩效审计，客观上实现绩效审计为提高军队现代化建设效益有效服务仍是目前亟待解决的问题。主要原因为：

第一，对军队绩效审计的接受度较低。正如娄尔行，汤云为（1985）所认为的，尽管在理论上，已逐渐认同我国政府绩效审计的必要性，但实际开展过程中却遇到很多问题。如，宋常（2006）所言，当涉及非财务审计时，审计工作遇到的被审计单位阻力非常大，有时甚至无法开展下去。军队绩效审计起步更晚，同样面临着这一问题，容易出现"你审你的，我依然如故"的尴尬局面。对此，一些学者，如 Alfred Tat-Kei Ho（2006）从开展绩效评价的价值角度展开了研究，Christopher 等（2004）与 Yang 等（2007）从开展政府绩效评价活动的制约因素角度进行分析。一系列的研究结果表明，被审计人员或被审计单位所感知到的审计结果效力，是影响其对绩效审计工作接受度的显著因素。

基于这些结论，目前军队绩效审计接受度不高，原因可能有两种：一是军队绩效审计的效力还没有产生足够大范围的正面影响。目前的军队绩效审计实践仍处于分散的、局部的、还未形成合力的状态，致使人们仍然只是对财务收支审计持有根深蒂固的好感，而不愿意改变现状去接受军队绩效审计的深入。二是军队审计部门和审计人员自身的态度阻碍了军队绩效审计的顺利推广。一方面，军队审计部门和审计人员低估军队绩效审计的价值存在，不能充分挖掘军队绩效审计的潜能，致使审计工作不能积极全面地展开；另一方面，高估军队绩效审计的价值存在也会使审计工作的开展不切实际而事与愿违。因为高估价值存在会加大人们对军队绩效审计的期望值，进而，绩效审计的自我错误定位与公众期待的结合就进一步强化了某些不适合的功能期望，最终将会使军队绩效审计承担不该承担的责任（如审计实效性低下），难免失去军队绩效审计的威信，导致成功推广军队绩效审计的困难增大。

因此，要提高军队绩效审计的接受度，我们必须合理确定军队绩效审计推广应用目标，选择最佳的推广应用战略，有计划、有步骤地实施战略内容，促使军队绩效审计确实推动被审计单位或项目发生积极的变化。例如，促使他们更加经济高效地实现了预算目标，也就是通过绩效审计能够创造新的价值——绩效提高。随着军队绩效审计工作的附加值贡献在更大范围内增加，被审计单位对其接受度必然会随之提升，军队绩效审计最终为军队建设有效服务的目标便可以实现了。

第二，军事经济管理在军队尽责基础上又出现了军队绩效诉求。过去，军事经济管理体制改革一直围绕合法、合规和如何尽责展开，在推行军队绩效管理改革后，军事经济管理的重点之一就是军事资源的合理使用，这就将军队绩效审计放在了极其重要的位置。作为一种制度安排，军队绩效审计不仅要能够揭露问题，更要对这些问题进行深层次的分析、揭示和反映。在军事经济管理中，军队绩效审计可以同时实现监督性和建设性作用，两者是相辅相成的关系。军队绩效审计发挥监督性作用主要是在合规性审计的基础上对绩效信息的真实性、可靠性进行鉴证。而发挥建设性作用主要是通过对绩效信息鉴证中发现的绩效不佳问题，探寻制度漏洞，提高绩效信息质量和提出改进绩效管理的建议。在这种情况下，军队绩效审计是连贯性的、过程控制式的。军队绩效审计作为军事经济管理的外部评价主体，起到一种辅助作用，是军事经济管理的有效补充。在军事经济绩效管理活动中积极地推进绩效审计，一方面绩效审计工作所积累的绩效评价方法、评价指标等可以为军事经济管理提供非常有用的借鉴和补充，另一方面绩效审计的结果也可以直接成为既讲效益、又要效果的军事经济管理的重要依据。

第三，军队绩效审计推广应用的基础还很薄弱。首先，军队绩效管理环境不够成熟。军队绩效审计是为了满足军事经济管理中的绩效管理需要而产生的，而绩效管理环境也对军队绩效审计发展有重要影响。目前影响军队绩效审计发展的环境因素主要是：一方面，法律上没有明确绩效审计的权限。《审计署"十二五"审计工作发展规划》明确提出要全面推进绩效审计，这就是从法律和制度上保证绩效审计在政府绩效管理中的作用。军队要全面推进绩效审计，也需要从法律和制度上给予军队绩效审计保证，创造一种对军队绩效审计的政治需求。而目前，军队在这方面做得还不够，虽然在规范中也有"对效益进行审计监督"等要求，但还未用条文明确指明军队绩效审计的法律地位。现行的法规也未涉及评价被审计事项绩效的指标体系。另一方面，军队预算制度改革进程缓慢。军队绩效审计与绩效预算制度的建立和立法机关对预算管理的深化有直接联系。军队预算制度改革主要是解决在现有军事财力资源约束条件下，应如何分配军队资金才更加合理有效的问题，军队预算制度改革的进程会直接制约军队绩效审计的发展。

其次，军事经济管理中应用绩效审计成果的比重不大。军队在一些领域，如军队领导干部经济责任审计中已经采用了将绩效审计的审计结果作为评价干部的重要依据。但是，在装备购置费、科研费和装备建设项目等重要领域广泛应用绩效审计成果的范围和力度还不够大，这也是目前尚未形成统一的军队绩效审计评价指标体系的重要原因。实际上，将装备购置费和装备建设项目作为重大抓手先行，在其传统审计中加大绩效考核的成分，审计人员先使用被审计单位的标准，然后在审计过程中逐步添加、完善评价指标和评价标准，目前是完全可以做到的。通过多次实践，积累经验，一个项目一个项目地发展，完善各个项目的绩效审计评价标准，最终就能形成不同审计对象的统一评价指标或"通用衡量标准"。

针对目前军队开展绩效审计法律保障不力、审计范围狭窄、缺乏系统的评价标准等诸多问题，军队审计应该对绩效审计的推广战略、推广领域、评价体系、制度环境进行反思。在主张绩效、强化责任、追求效果的时代背景下，研究军队绩效审计顺利推广所必需的条件，谨慎地把持着"应该做什么"（价值定位）、"能做什么"（功能度量）、"具体怎么做"（实际情况权衡）的界限；围绕当前军事经济工作的重点，调整审计工作重心，科学制定军队绩效审计推广应用的战略目标，合理选择军队绩效审计推广应用的重点领域，构建科学的军队绩效审计评价体系，完善军队绩效审计推广应用的环境，不仅是在为军队绩效审计推广应用厘清思路，而且也是为军队绩效审计实践提供指导方向。

二、研究目的和意义

军队绩效审计的工作目标是对军队使用和管理军事资源的经济性、效率性和效果性进行审查、分析和评价，以提高军事经济的绩效管理水平。而最基本和最原始的目标就是帮助被审计单位或者项目提高军事资源利用的经济性、效率性和效果性。要实现这个目标，军队审计必须思考如下问题：

军队绩效审计推广应用的使命是什么？

军队绩效审计推广应用应该如何组织和实施？

回答这些问题有许多方式和方法，我们认为首先需要弄明白：当前条件下，成功推行军队绩效审计所面临的三个重要挑战。

第一，思想观念的挑战——军队审计单位和审计人员是否真正懂得被审计单位要如何履行经济责任才能推动绩效改进。第二，评价体系的挑战——是否成功地找到了合适的军队绩效审计评价体系。第三，组织实施的挑战——为了军队绩效审计的顺利推行，军队审计部门和审计人员是否能把握军队绩效审计推广应用的总体战略，并能有效地组织实施战略。这三个问题实质上关乎军队绩效审计全面推广和有效应用的实现程度。

鉴于此，本文的研究目的在于：

第一，在实践上指导军队绩效审计推广应用。通过对军队绩效审计实践经验和存在问题的分析，认清军队绩效审计推广应用已经具备的条件和可能出现的矛盾；对军队绩效审计推广应用总体目标和战略模式进行定位；对战略实施的具体对策进行分析。提出要在重点领域进行试点先行；提出要科学地构建评价体系，并着重分析如何设计评价体系，以作为构建合理的军队绩效审计评价体系方法的借鉴；提出完善推广应用环境的具体措施。这些研究对军队绩效审计的推广应用具有重要指导意义。

第二，在理论上完善军队绩效审计理论体系。通过对军队绩效审计的价值定位和功能定位，指出军队绩效审计有更高层次地解除受托经济责任，更有利于决策有用，能促进价值增值方面的功能拓展要求；通过对军队绩效审计推广应用的环境、总体目标、战略选择及实施对策的分析，明确军队绩效审计的理论研究方向。

三、国内外研究及文献综述

绩效审计并非新鲜事物。早在 20 世纪 40 年代，一些西方国家的审计部门就开始减少以查错、纠弊、提供鉴证性意见为目的的单纯的财务收支审计以及合规性审计，逐步开展以评价和提高资源使用的经济性、效率性和效果性为目的的绩效审计，并不断地扩大绩效审计范围，目前已经发展到绩效审计与财务审计并存的现代审计阶段。

（一）国外研究及文献综述

1. 国外绩效审计研究成果

国外学术界在政府绩效审计方面的理论研究相对较为成熟，形成了较为完善的政府绩效审计理论体系。其理论研究的展开，是伴随着绩效审计实践展开的。"绩效审计"这一概念最早来自于探讨绩效审计科学的第一部著作《管理审计学》（The Management Audit，1932），作者为罗斯（T. G. Ross）。他认为：首先应将企业划分为若干个职责不同的部门，其次就是应建立用效率来衡量管理的技术程序。他在书中还提出这样的观点：对一个具有 15 年以上工作经验并具有管理能力的管理者，审查评价每一个职能部门的效率和成绩，应该能做到像接受过良好训练的会计师审查会计记录那样。

内部审计发展史上杰出领导人之一阿瑟·肯特，于 1948 年 3 月，在美国《内部审计师》杂志上发表了一篇《经营审计》（Audits of Operations）的文章，文中明确提出了"经营审计"这一概念，不同于一些学者称之为的"非会计事项"（Non - accounting matters）。

现代也陆续出现了一些绩效审计的代表性论著：美国的 William P. Leonard 撰写的《管理审计》(1962)；美国 Neil C. Churchill 及 Richard M. Cyber 发表的《一项管理审计的实践》（1966）；美国管理协会出版的《经营审计》（1972）；美国利奥·赫伯特所著，张国祥、李虹、章其坤翻译的《管理绩效审计学》(1988)；英国约翰·格林所著的《绩效审计》（1990）；英国约翰·格林所著，徐瑞康、文硕翻译的《绩效审计》（1990）；美国 R·E·布朗与 T·加勒，C·威廉斯合著，袁军、贾文勤、于程亮翻译的《政府绩效审计》，该著作不仅介绍了美国政府绩效审计理论，并着重探讨了各种政府部门和公共项目的实际审计案例。

在政府绩效审计的概念、内容、目标、标准和方法、程序、审计报告的规定上，各个国家均各成特色，他们的最高审计部门都有自己的见解，并形成相对独立的绩效审计模式。美国、加拿大、英国、瑞典、澳大利亚和新加坡，通过制定和完善各国的政府绩效审计准则、审计指南、用户指南、分析软件，出版英文教材等方式不断丰富了政府绩效审计的理论内容和实务内容。最高审计部门国际组织在第 12 届国际会议上发表了《关于绩效审计、公营企业审计和审计质量的总声明》，对开展政府绩效审计有权威性指导意义。且 1992 年，最高审计部门国际组织制定的绩效审计标准获得公认。

2. 国外研究文献综述

国外学者对政府绩效审计的研究，大致可概括为各国绩效审计对比、绩效审计的内容、绩效审计的地位和影响、绩效审计实务等方面。

在绩效审计的对比方面，主要集中于分析各国绩效审计出现差异的原因：政府开支日益增长促进了绩效审计的产生、利益冲突的个人和团体间不断争论的过程等。分析各国绩效审计所表现出的统一性和差异性。

在绩效审计的内容方面，研究认为，在公共组织中，不应由管理层对经济性、效率性和效果性做出判断，但绩效审计中的经济性、效率性和效果性审计的内容和管辖范围需要进行合理规定，其中对效果性审计的建议应该占有更大的比重，并提出主要应对被审计单位内部控制设计是否起到了改善和监督的作用发表建议。

在绩效审计的地位和影响方面，指出政府审计扮演的角色较为复杂，绩效审计的影响主要是对公共管理或者是通过绩效审计影响被审计单位的管理层，它产生的最终效果应该是通过改进政府运行方式和结果，实现价值增值。

在绩效审计实务方面，绩效审计技术和方法是主要的研究内容，文件分析法、访谈法、调查法和案例分析法的使用都是绩效审计常用的方法，经济分析法和统计分析法也在使用。

3. 文献述评

国外政府绩效审计的理论研究成果较为丰富，特点也很明显：其一，制定《绩效审计准则》，用于指导审计实践；其二，确定政府绩效审计的内容，形成适合本国国情的政府绩效的衡量标准；其三，规范政府绩效审计过程，包括规范审计过程中会涉及的专家及助理人员的工作。

（二）国内研究及文献综述

绩效审计走进中国，是 20 世纪 80 年代初，随着中华人民共和国审计署诞生而开始的。欧洲工业化国家的政府绩效审计的发展壮大促使了我国政府绩效审计的不断发展。我国政府绩效审计的研究专注于谋求节约公共资金，充当政策制定者的咨询师，以及保证和提高政府效益和效率方面。政府绩效审计站在维护公共价值的立场上选择审计项目，综合评价政府部门、职能、项目的绩效，判断政府行为的合法性。可以说，政府绩效审计在强化公共受托责任、改善公共资源配置和提升公共治理等方面发挥着不可或缺的作用。

1. 国内绩效审计研究成果

要将这一管理工具介绍到国内，我国学者最初着重于翻译国外经典著作。出现了张国祥等翻译的奥·赫伯特等撰写的《管理绩效审计学》；徐瑞康、文硕翻译的约翰·格林的《绩效审计》（1990）；邢俊芳、陈华、邹传华的《最新国外绩效审计》（2000）；审计署外事司的《国外效益审计简介》（2003）；罗美富、李季泽、章柯翻译的《英国绩效审计》（2004）。随着研究的深入，学者们也开始结合我国国情进行大量研究。出现了诸如吕文基的《经济效益审计教程》（1992）、王光远的《管理审计理论》（1996）、李敦嘉的《效益审计的理论研究》（1996）等著作。

与此同时，相关的学术成果更是高潮迭起，出现了包括蔡春、张继勋、李哲、程新生、陶能虹、宋常、吴少华、刘力云、张欣等这样一批学者，他们专注于政府绩效审计的标准研究、环境比较研究、理论体系研究、国内外比较研究等。使我国政府绩效审计研究从侧重于引进和介绍国外绩效审计的理论和实务，推进到以经济效果审计为研究重点，再到从战略和实践角度来研究绩效审计的更高高度。

2. 国内研究文献综述

30 年的时间，我国政府绩效审计理论研究和实践研究都取得了一些成果，主要表现为：

（1）绩效审计的理论研究

在政府绩效审计的动因方面。众多学者一致认为公众受托经济责任已不仅仅指财务责任，也应包括管理责任，其责任范围的扩大是政府绩效审计的理论依据，也直接导致政府绩效审计的产生。因此，政府绩效审计的最终目标是促进公众受托经济责任的有效履行，开展政府绩效审计便成为政府审计发展的历史必然。

在政府绩效审计的功能、目标方面。政府绩效审计的职能定位能决定其工作目标的确定和方法选择，目前的研究基本上认为监督鉴证是政府绩效审计的基本职能，而评价、信息反馈和服务功能才是政府绩效审计的主要功能。如张海燕在《国外绩效审计的挑战及对策》中指出："随着国家绩效审计的发展，其所使用的信息越来越多来自于审计机构……"国内学者基本上确立了包括经济性、效率性、效果性为主的政府绩效审计目标体系，还可以扩充环境性、社会性等目标。例如，余玉苗、何晓东就认为社会公众的需求决定公共产品的核心效用，也决定了政府绩效审计的目标。说明政府绩效审计的目标是随着需求的变化而变化的。

在政府绩效审计评价标准方面。国内研究一致认为绩效审计评价标准内容丰富，是政府绩效审计的主要内容，评价标准的问题会制约政府绩效审计实践。正如齐国生在《关于绩效审计标准特点的探讨》中指出了绩效审计评价标准的重要性，一是能否准确把握和确定绩效标准，直接影响审计人员的专业判断，最终决定绩效审计的效果和质量；二是绩效审计标准是衡量绩效程度的非货币计量尺度，它包括时间、空间、公共产品质量和技术等多维内容。于是，国内研究开始致力于如何制定出一套能有效指导实践的政府绩效审计评价指标体系，并从美、英、澳大利亚等国外主流的政府绩效审计评价标准及方法出发吸收经验、从制定重点领域的评价标准和指标体系出发试点试审，从具体的绩效审计项目出发研究项目的评价指标体系等一系列工作。

（2）绩效审计的实践研究

在研究方法方面。国内学者得出了一致的结论，就是实证研究结论与规范研究成果的相互借鉴和印证才能有效规范和优化绩效审计实务。如，杨肃昌、王彦平、欧阳丽君（2006）等就提出了政府绩效审计研究要注重实证法与规范法相统一。

在政府绩效审计环境方面。目前的成果认为绩效审计环境对绩效审计有重要影响，而新公共管理为绩效审计创造了良好的政治环境、经济环境和法律环境。因此，学者们从新公共管理角度分析我国政府绩效审计实施过程中的困境和不利因素，并提出建议。

在绩效审计目标的选择上。大多学者的观点是，对于目标的选择主要是围绕如何选择和确定绩效审计项目展开，其代表性观点主要有：按管理风险较高的项目安排绩效审计；应着重于专项审计调查；根据绩效链理念，把绩效审计的研究拓展到项目上下游的相关环节等。

关于绩效审计模式的选择。有学者提出应借鉴西方一些国家的做法将绩效审计内容与财务收支审计内容完全分开。通过实践，国内更多地倾向于"与财务审计相结合的效果审计模式"，并提出将绩效审计分为诸如政府投资、专项资金、公共服务、部门预算几种不同的绩效审计类型。绩效审计方式也是多种多样的，专项审计调查和跟踪审计则是采用较多的方式。

在绩效审计信息和收集方法上。国内主要观点认为，由于要对政府管理责任进行恰当的评价，广泛收集关于政府管理职责履行情况的信息应是绩效审计的基础。对于信息收集的方法，现有的观点主要是从调查一项管理功能开始的功能目标分析法和从评价效果本身开始的制度目标分析法。

3. 文献述评

多年来，国内审计学界从不同侧面对绩效审计进行了研究，取得了积极的理论成果，但不足仍然存在。总体表现为：基础理论层次的研究很多，而应用和实务操作研究相对较少；借鉴国外的地方多，本土化的少；理论研究虽多，但内容不够深厚，可以应用的价值不高。归纳起来有：

一是综合性研究较少。多数学者集中研究绩效审计的某一方面，从体制、环境等方面的绩效审计研究成果不少，但互相之间孤立不成体系，没有形成有机的联系，成果没有形成合力。

二是实证研究成果较少。这是与我国的国情相适应的，学者有理论没经验，实务工作者有方法没理论，不容易形成理论指导实践，实践又检验理论的成果。

三是实务层面研究较少。目前，我国绩效审计实践难以广泛开展，最大的障碍可能不是理论不够用，而是能指导实践操作的标准、准则、指南的缺乏，致使审计工作者无所适从，审计效果也不够好，最终导致绩效审计地位难以提高。

四、基本思路、研究方法和主要内容

（一）基本思路

前文中所明确的军队绩效审计推广应用的三个挑战，对本文的继续研究具有指导性作用。本文将以迎接这三项挑战为主线而展开论述。

第一，迎接观念的挑战，预知和熟知绩效审计环境。预知这个概念是指人们在开始研究项目之前就具备的对某个问题和审计环境的洞察，它是一种投入。熟知则是指在审计项目进行的过程中获得的洞察，是一种产出。这两个问题是一体的，他们非常重要。需要审计部门和审计人员在预知的前提下接近绩效的实际处境，了解被审计单位和项目的绩效状况，熟知通过实施绩效审计控制改进绩效结果的过程。它是审计部门做出正确的推广策略以及审计人员做出正确审计判断的前提。

第二，迎接评价体系的挑战，构建合适的绩效审计评价体系。"绩效"一词的概念非常难把握，容易理解，难于界定，"绩效"往往使很多审计人员感到困惑。首先，选择什么样的标准对绩效进行评价受到个人价值观的影响。因此，评价标准的可选范围就很宽。其次，绩效审计的评价标准有些还很含糊，如可靠性、有效性、客观性、相关性等。除了标准的选择，如何对评价标准赋予权重，然后将它们叠加起来形成最后的评价结果也存在困难。因此，成功的军队绩效审计最需要的是一套适合的评价体系，它是军队绩效审计顺利推行的重要保证。

第三，迎接实施上的挑战，接近实际工作。接近是指发觉现实信息和问题的机会。军队审计部门推广绩效审计的能力首先取决于能否认清当前的形势，这是推广工作的前期投入。如果对形势的把握本身就有问题的话，即使制订了详细周密的战略计划，也没有办法有效执行战略，致使徒劳无功。因为"无用的输入只会形成无用的输出"。军队绩效审计推广应用的总体目标是要使绩效审计实现对军事经济管理发挥间接的、但是却是不可或缺的控制、评价和服务作用。如果战略内容和组织实施的方法不切实际的话，战略的执行将很难与战略的目标挂钩，那么军队绩效审计的推广应用则会困难重重。因此，需要审计部门认清军队绩效审计所处的内外支持环境、合理确定军队绩效审计推广应用的战略目标和战略实现的基本途径、制定实施战略的具体对策。

因此，军队绩效审计推广应用的研究，实质上是把战略环境、战略选择和战略执行结合起来的行动研究。根据这一基本思路，本文需要解决下面几个问题：

（1）军队绩效审计推广应用的必要性，也即军队绩效审计的价值定位、军队绩效审计的功能拓展。

（2）军队绩效审计推广应用的可行性，也即军队绩效审计推广应用的条件分析，具体是指已经具备哪些条件，可以直接吸收借鉴什么样的经验，又存在哪些制约因素。

（3）军队绩效审计推广应用的总体思路和具体对策，包括军队绩效审计推广应用的目标、模式选择和组织实施的具体对策。

当这些未知随着本文的展开一一揭开面纱，军队绩效审计在我们心中就不再是神秘而不可把握的，我们也不会再因为未知而消极回避，思想抵触。军队绩效审计推广应用研究是舆论先导、理论先行的具体运用，不仅可以打开我们认识层面上的无知和顾虑，对实践的探索具有指导意义，还能提高军队绩效审计的理论层次，对充实军队绩效审计理论体系提供研究方法和手段。我们认为，随着军事经济管理体制改革日益深入、军队绩效审计实践范围逐步拓宽、军队绩效审计应用理论研究日益成熟，军队绩效审计推广应用跨越目前的障碍只是时间问题。

（二）研究方法

1. 定性与定量相结合

在查阅国内外大量核心期刊的文献资料后，我们发现，其实定量研究方法和定性研究方法唇齿相依，他们既不可能独自捕捉事实，也不可能取代对方，两种方法在合适的地方各自得到运用才是科学的。本着受用的目标——实现军队绩效审计推广应用战略目标，本文使用了定性研究辅以定量研究的方法。定性研究将军队绩效审计的价值定位、功能拓展、推广应用的条件和制约因素与军队绩效审计推广应用的战略步骤系统地联系起来，形成一套前后连贯、标准一致的理论体系。实证方法主要是通过精确的定量来描绘军队绩效审计指标体系设计与绩效改进的关系，研究结论不仅能够解释设计指标体系对于军队绩效审计推广应用跨越目前障碍的重要性，还有助于对指标体系设计与绩效改进的关系进行判别和预测，对说明评价指标体系是军队绩效审计推广应用战略执行的重要内容做了进一步证实。

2. 文献研究方法

本文通过对国内外有关绩效审计理论与实践文献的大量阅读，探索研究军队绩效审计推广应用的理论出发点，并从军队绩效审计的基础理论入手，分析了军队绩效审计推广应用的必要性和可行性，为本文提出军队绩效审计推广应用的总体目标提供有力的理论依据。

3. 规范与实证相结合

在规范研究的逻辑推理过程中,可以避免研究过程中隐含的价值判断不一致的问题。本文运用规范研究方法从军队绩效审计的基本理论出发,对军队绩效审计推广应用的环境基础进行推断,在大量比较、归纳和系统研究的基础上逐渐认识探索军队绩效审计推广应用的实施对策。从而,明确了推广应用军队绩效审计的基本途径。

同时,鉴于军队绩效审计推广应用研究属于实践学科范畴,为了使研究的结论不仅能够解释观察的现象,而且有助于对未证实的现象和行为进行判别和预测,本文也进行了实证研究来精确地定量,以利于指导军队绩效审计的未来实践。

(三) 主要内容及结构

论文分为导论、正文和结语三大部分。

导论。陈述研究背景,提出要研究的主题;针对主题阐明本文研究的目的和意义;通过国内外研究文献的综述,总结绩效审计研究的热点和难点,为本文进一步研究打下基础;阐述作者的观点,探讨解决问题的方法和思路(本文逻辑关系如图 0 - 1 所示)。

第一章,军队绩效审计的价值定位。通过对绩效审计与财务收支审计、绩效管理、绩效预算、绩效评价的含义及其关系的辨识,提出军队绩效审计是绩效管理的一个重要环节。引入"价值增值"理念,提出军队绩效审计价值增值对促进提高军事经济效益和服务军队建设有重要意义。

第二章,军队绩效审计的功能定位。在军队绩效审计的价值增值定位基础上,分析军队审计的基本功能和军队绩效审计的功能拓展方向,也是对军队绩效审计推广应用必要性的进一步说明。

第三章,军队绩效审计推广应用的可行性。本章通过分析军队绩效审计取得的实践经验、具有的现实需求以及可借鉴的国内外绩效审计发展经验,说明推广应用的有利条件;通过分析军队绩效审计存在的制约因素,说明推广应用中会遇到的一些问题。对有利条件和制约因素的对比分析,表明军队绩效审计推广应用尽管会遇到一些困难,但仍存在很大的可行性。

第四章,军队绩效审计推广应用的总体思路。本章是全文的核心部分,阐明了军队绩效审计推广应用的目标、模式选择及实现目标的基本途径。

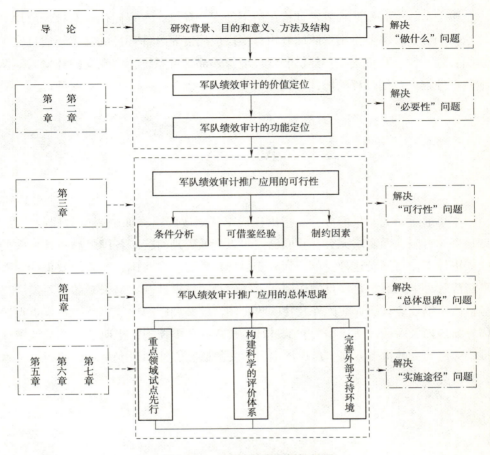

图 0 – 1　本文的基本逻辑框架图

第五章，选择重点领域进行试点先行。本章是第四章内容的进一步延续，是对推广应用具体途径的分析，阐明了军队绩效审计推广应用需要拓宽实践领域，但现阶段必须选择重点领域进行试点先行，具体分析了要在军队绩效预算改革项目、装备经费、战备工程项目、领导干部经济责任审计领域开展绩效审计。

第六章，构建科学的军队绩效审计评价体系。本章也是对推广应用具体途径的分析，阐明了必须克服目前缺乏评价体系的不利因素，掌握构建评价体系的方法，才能建立适合军队绩效审计实践发展的评价体系，适应军队绩效审计实践的长远发展。本章基于军队绩效审计评价体系设计维度与绩效改进的关系，提供构建评价体系的方法，为如何构建科学的评价指标体系提供思路。

第七章，完善军队绩效审计推广应用的支持环境。本章同样是对推广应用具体途径的分析，主要指出军队绩效审计推广应用需要外部环境的支持，通过完善组织管理、健全政策法规和提供制度环境等外部支持系统，实现支持环境与军队绩效审计推广应用过程的协调一致。

小　　结

本章通过研究背景的分析，指出现代军队同政府一样面临一个共同的问题，就是资源有限，而需求无穷，我们已经步入绩效管理时代。各国最高审计机关的绩效审计工作将随着这种变革的到来变得日益重要。在我国，军队绩效审计在军事经济管理中具有举足轻重的作用，也必然是军队审计现在与未来的重要发展趋势。由于绩效审计研究在国外及我国政府领域的开展已经比较广泛，本章重点对国外和国内政府绩效审计相关文献进行了整理和分类梳理，指明了军队绩效审计推广应用研究的重点方向。最后给出了本文的研究方法和研究思路，并列出了本文的研究框架。

第一章 军队绩效审计的价值定位

　　相比于地方政府绩效审计，由于军队活动的特殊性，军队绩效审计的价值更加难以衡量。由于军队审计部门和审计人员很难向外部当事人直接量化他们的工作价值，致使人们将更多的注意力集中在绩效审计可能带来的消极影响上，这也成为当前尚未全面推进军队绩效审计的理由之一。庆幸的是，在逐步展开的军队绩效审计实践中，审计部门和审计人员已经觉察到绩效审计不仅能够更加有利于问责、更加有利于提高绩效，更重要的是还能够给审计部门带来更受欢迎的服务项目和加倍的被信任感。正面的影响促使军队审计创新和改革的支持者愿意做出更大的努力来证明军队绩效审计的价值存在，但要使军队绩效审计的价值能得到人们的普遍认可，还需要我们从了解军队绩效审计的内涵、从转变军队审计的价值理念开始。

第一节 军队绩效审计内涵

一、军队绩效审计定义

（一）什么是军队绩效

　　"绩效"是在企业中被广泛使用的词汇，按照《现代汉语词典》中的解释，绩效，是效果、效率、成果的统称。

　　关于绩效的核心内容，国内外文献普遍将绩效的主要内容归纳为"3E"，即经济性、效率性和效果性。经济性用来描述产出一定的情况下投入是否最小，效率性用来描述产出与投入比是否最大，效果性用来描述是否实现了预期目标或产生了影响。尽管后来又增加了"环境性"和"公平性"两个内容，但按照"3E"的国际共识，我们认为，军队绩效是指军队部门所产生的经济性、效率性和效果性。

（二）什么是绩效审计

关于绩效审计，不同的国家有不同的称呼。美国审计总署（GAO）关于绩效审计的解释为："绩效审计就是客观地、系统地检查证据，以实现对政府组织、项目、活动和功能进行独立地评价的目标，以便为改善公共责任性，为实施监督和采取纠正措施的有关各方进行决策提供信息。"

英国 1983 年颁布的《国家审计法》对绩效审计的定义是"检查某一组织为履行其职能而运用其资源的经济性、效率及效益"。并且，英国国家审计署（NAO）认为现金价值审计中的现金价值＝经济性×效率×效益。英国国家审计署出版的《绩效审计概要》中对绩效审计的三要素做了明确的解释："经济性，是指在适当考虑质量的前提下，尽量减少获得和使用资源的成本，即少支出；效率性，是指商品、服务和其他结果及所使用的资源之间的关系，即一定的投入所能得到的最大产出，简言之，支出合理；效果性，是指项目、计划或其他活动的预期结果和实际结果之间的关系，简言之，支出得当。"

加拿大对绩效审计的定义："综合审计是以系统的方式检查和报告责任及管理人员为完成其职责所采取的活动、系统及控制。综合审计包括两项主要内容：一是对财务系统内部控制进行检查和测试，以便能对财务报表表示意见；二是检查管理人员为达到现金价值是否建立了系统和程序。这里所说的现金价值是指以下两个方面：（1）公款开销时，经济性、效率性达到什么程度？（2）有关项目达成其目标的效果如何？"

最高审计机关国际组织在 1986 年发表的《关于绩效审计、公营企业审计和审计质量的总声明》中，明确统称经济性审计、效率性审计和效果性审计为绩效审计。该组织规定："绩效审计是经济性、效率性和效果性审计，它包括：（1）根据健全的管理原则与管理实施以及管理政策，审计管理活动的经济性；（2）对被审计单位，审计其人力、财力和其他资源的利用效率，包括审计信息系统、业绩测定、监控安排以及工作程序；（3）对被审计单位，根据其目标的完成情况，审计其业绩效益，并根据原来预期的影响，审计其活动的真实影响。"

综上所述，绩效审计的基本内容应该包括：对投入资源的经济性、管理的效率性和工作的效果性进行的审计。

（三）什么是军队绩效审计

军队绩效审计是绩效审计在军队领域中的具体运用。总结以上有关绩效审计的概念，并结合我军的具体情况，我们对军队绩效审计的概念界定是：军队绩效审计并非独立的军队审计概念，是由军队审计部门和审计人员，依据军队有关法规、制度，对照一定的绩效评价标准，在对被审计对象进行财务收支审计的同时，对其支出的经济性、效率性和效果性进行监督，对军事经济活动的管理方式和有效程度，做出独立、客观、系统的评价，以提高军事经济管理水平，促进军事经济效益提高的一种审计活动。

具体我们可以从以下三个方面来理解军队绩效审计：

一是，它并非独立的审计形态，而是军队财务收支审计的延伸，但它仍然是监督的问题，只是需要建立在财务收支审计的基础上。

二是，军队绩效审计目的是说明军队经费支出项目是否有效，效果是什么，是否达到了既定的目标。因此，军队绩效审计项目的选择至关重要，项目效果是否易于衡量决定着军队绩效审计是否能够成功实施。

三是，军队绩效审计是信息拓展审计，应该是通过公平和公正的评价，提供有关项目、功能和业务的绩效信息，通过改进军队部门运行方式和结果，实现价值增值。

二、军队绩效审计特点

军队绩效审计是以中国特色军事变革为牵引，以信息技术为支撑，以系统理论为指导，把分析研究贯穿于军队审计工作全过程、考核军事保障全流程的监督模式。军队绩效审计具有自身的特点，主要有：

一是，军队绩效审计评价重心具有军事性。军事活动是一种消耗性支出活动，它通过武器装备等特殊军事消耗品的消耗，来增强保卫国家安全的防卫能力，并通过军事或战争的破坏性和杀伤力反映出来，最终表现为军队的战斗力。它的功能是服务战争，维护和平，保卫领土完整和国家政权巩固。因而军事活动的核心因素是符合国防安全和军事斗争需要的劳动成果，对军事经济活动效益进行评价时必须把提高军队战斗力放在首位。也就是说，开展军队绩效审计时应首先衡量军事劳动成果是否达到其预定的军事目标，其次再考核军事活动的劳动耗费和资源占用情况。

二是，军队绩效审计对象具有间接性。军队各部门均属于非营利机构，其业务活动交织着钱衡效应与非钱衡效应。钱衡效应是指能够用货币衡量的效益和费用，开展绩效审计要尽可能地利用钱衡效应，直接运用价值指标做出评价，这是绩效审计的重要基础。但军事经济活动的特殊性，决定了绩效反映对象的综合性。要全面、客观地开展绩效评价，需要考虑分析各个被审计单位或项目的具体情况进行综合评定，不仅要考核经济绩效，还要考核被审计单位或项目的军事绩效、政治绩效、社会绩效等。这些都是非钱衡效应，很难从数量上进行计算和比较，也难以进行价值描述，需要用定性标准，以潜在的、转换的形式间接地表现出来。

三是，军队绩效审计结论具有建设性。军队绩效审计涉及经济、社会、政治等方面，它通过全面评价被审计单位军事经济活动和业务活动的经济性、效率性和效果性，解释影响绩效高低的问题所在，向被审计单位提出改进建议，指出进一步提高绩效的具体途径和办法，其建设性作用尤为突出。

三、几个与"绩效审计"相关概念的解释

绩效审计与财务收支审计、绩效管理、绩效评价、绩效预算各是怎样的关系，我们在这里先予以明确。

（一）绩效审计与财务收支审计

通过对绩效审计定义的比较和对实质内容的统一，我们认为绩效审计与传统的财务收支审计相比有以下三个特点：

一是审计目的。对于绩效审计，查处只是过程，控制和提高才是最终目的。绩效审计的目的是通过评价投入资源的经济性和有效程度，寻求提高绩效的途径来实现的；而传统的财务收支审计主要目的是通过查错防弊来保证财务收支的真实合法性。

二是审计对象。绩效审计是建立在财务收支审计对象的基础上的，除被审计单位的财务收支及其有关的经济活动外，其对象还包括各项业务活动和非经济范畴的管理活动。

三是审计作用。财务收支审计主要起保护性作用，通过保证会计资料的真实、完整、合法、合规，保护国家、组织和个人财产的安全完整；而绩效审计的

根本是监督作用，在监督的基础上，全面评价其经济管理活动的经济性和有效程度，分析影响绩效的原因，提出改进建议，并跟踪被审计单位是否采纳建议以及具体的实施情况。绩效审计的建设性作用已扩展到经济、社会、政治等诸多方面，因而作用是无限的。

（二）绩效审计与绩效管理

1. 什么是绩效管理

20 世纪 70 年代后期，研究者提出"绩效管理"的概念；20 世纪 80 年代后期和 90 年代前期，绩效管理逐渐成为一个被广泛认可的资源管理过程。绩效管理是一个完整的系统，它通过组织管理者和员工的持续沟通，将组织的战略和目标、员工的工作绩效和目的等信息传递给员工，并帮助员工一起完成绩效目标，从而实现组织的战略目标。

一直以来，西方国家通过大规模的绩效化政府运动进行自我调整，他们逐步认识到绩效管理是一个非常广义的概念，并不能用单纯的一些措施或方法来形容。因此，在公共部门绩效管理方面，并没有界定统一的概念。我们认为，出现这一现象的主要原因在于：一方面，绩效管理在实践中通常与各种管理时间和改革策略有很大的关系，不同的改革策略可能会导致绩效管理框架的不同；另一方面，绩效管理本身并不是单一的事物，它是在集合了多种管理思想和方法的基础上形成的一个观念和系统。

为了完整理解绩效管理的概念，有必要深入分析绩效管理系统的构成要素。英国学者布雷德拉普（Bredrup，1995）认为组织绩效管理是由三个过程组成的：绩效计划、绩效改进和绩效考察。绩效计划所分析的主要是制定组织的愿景和战略以及对绩效进行定义等活动。对绩效改进则从过程的角度分析，也就是说绩效改进包括管理过程再造、持续性过程改进、标准化和全面质量管理等活动。绩效考察包括对绩效的衡量和评估。

而绩效管理系统的构成要素，不同学者看法也不同。一般认为绩效管理系统包括绩效的计划、实施、评价、反馈和评价结果的运用五个要素。这五个要素并非相互独立，而是相互交织、相互促进的，各个要素相互协同履行着绩效管理职责。

说到底，绩效管理的谜底就是要实现效率和成效。效率是指要合理、高效地做事，成效是指应该做的事，这种调整实现了管理理念从程序向结果转变。但这种绩效运动在理论和实践中同样也造成了一些新困难和新问题。例如，从技术上说，绩效评估的困难和不准确性也容易导致简单化，并且其本身也造成效率损失。同时，推行政府绩效管理仍然有很多困难和障碍，要实现政府绩效管理必须对政府的绩效管理进行制度上的重新安排与设计，为政府绩效管理建立一个科学的制度平台。但由于绩效管理会带来"政府必须对结果负责""政府必须用更少的钱办更多的事"的绝对优势，政府等公共部门更愿意为了这种负责任的机制不断改革。

2. 绩效审计与绩效管理的关系

（1）主要区别。首先，是管理的角度不同。绩效审计是从审计的角度，主要对财务收支活动的经济性、效率性、效果性进行评价，具有较强的规范性、监督性和建设性。绩效管理则更多的是从管理学、社会学的角度，对影响经济活动的经济性、效率性、效果性的有关环节、程序进行整合、优化，进而改善组织绩效，促进组织效能建设。其次，绩效审计只是绩效管理这个工具箱里的一件工具，绩效管理不能离开绩效审计，同时绩效审计不是孤立存在的，而是一个系统工程，它与绩效管理的其他方面密切联系。我们必须将绩效审计纳入绩效管理制度之中，才能对组织绩效进行有效的监控和管理，从而有效改进绩效管理，实现绩效管理目标。

（2）两者联系。首先，绩效审计与绩效管理有着相同的背景。由于在关注受托责任的基础上，又出现了对绩效的诉求，经济管理实践引入了绩效管理、绩效评估、绩效审计等灵活有效的管理方式。其次，绩效审计目标与绩效管理的原始目标也是一致的，都是为了提高经济资源的配置绩效，对组织各项活动的经济性、效率性和效果性等进行分析、评价，寻求改进对策。

（三）绩效审计与绩效评价

1. 什么是绩效评价

绩效评价，也称绩效评估或绩效考核。正如对绩效的界定一样，到目前为止，对什么是绩效评价尚未形成一致的定义。其中有代表性的定义主要有：

英国学者罗斯勒（A. Longsner）认为，"绩效评价是为了明确员工的能力、工作状况和工作适应性，以及对组织的相对价值进行有组织的、实事求是的评价，绩效评价的概念包括评价的程序、规范和方法的总和"。

美国学者 R·韦恩·蒙迪（R. Wayne Mondy）认为，"绩效评价是指组织定期对个人或群体小组的工作行为及业绩进行考核、评估和测度的一种正式制度"。

凯恩（Kane）和美国学者劳勒（Lawler）认为，"绩效评价是评价者对被评价者一段时间的表现加以综合而得出的判断"。

传统的绩效评价大多以个体层面的绩效评价为核心。然而，我们认为，绩效评价不能从单一层面来理解，一般来说，理解绩效评价可以从两个层面进行：一是个体层面，绩效评价是对个人工作业绩、贡献的认定；二是组织层面，是对企业、政府、公共部门等绩效的测评，这方面的内容极其复杂。所以，可以将绩效评价定义为：运用科学的标准、方法和程序，对个体或组织的业绩、成就和实际作为做尽可能准确的评价。

实践中，评价主体依据绩效计划阶段所确定的标准和实施阶段收集的数据，对被评价者在一定时期内的绩效进行评价。人们往往容易孤立地看待绩效评价这一行为，这是绩效管理理念和定位的误区。因为绩效评价只是绩效管理的一部分，也是绩效管理系统的核心和持续运行的基石。如果一个组织只做绩效评价而忽略了绩效管理的其他环节，那绩效评价工作就很难取得预期的成绩。

2. 绩效审计与绩效评价的关系

（1）主要区别。一是执行主体存在差异，军队绩效审计执行主体只能是军队审计部门，第三方无法替代，而军队绩效评价的主体可以是军队部门，也可以是第三方。二是军队绩效审计具有法律地位，其审计结果有法律约束力，而绩效评价目前在我国还无法律地位，其评价结果只有行政约束力，约束力大小取决于行政管理者的偏好。三是从实际情况看，绩效审计更多的具有监督职能，而绩效评价更多的起着反馈作用。

（2）两者联系。通过对绩效评价与绩效审计的概念辨析，可以了解到它们之间有着内在的联系：一是两者关注的政策目标在本质上是一致的。绩效评价和绩效审计的宏观目标都是要关注资金的筹集、分配和使用情况，以评价其经济性、效率性和效果性。二是绩效标准一致性。绩效标准是衡量尺度，也是评价的基础和出具评价意见的依据。绩效评价和绩效审计保持对同一部门、同一项目的评价标准基本一致的基础上，基于不同的出发点，并结合被评价单位实际情况和具体评价指标，适当修正评价的标准和指标所占的权重，能维护评价结论和审计意见的严肃性和有效性。三是体系范畴是同一的。两者同属绩效评价体系的范畴，绩效评价体系能够促进部门行为更加规范，监控体系更加完善，行政效率进一步提高。作为绩效评价体系的两个子系统，绩效评价与绩效审计通过对资金筹集、管理和使用的监督，对所有涉及资金的部门运行绩效以及人员的经济行为进行绩效分析，目的都是为了提高部门职能的实现程度。

（四）绩效审计与绩效预算

1. 什么是绩效预算

1950 年，美国总统预算办公室对绩效预算的定义："绩效预算是阐明拨款所要达到的目标，为实现目标拟定的计划需要花费多少钱，以及用哪些量化的指标来衡量其在实施每项计划的过程中取得的成绩和完成工作情况的一种预算。"也就是说，绩效预算是一种以结果为导向的预算管理方式，符合新公共管理所倡导的理念，适应政府部门改革的需要，并融入市场经济的一些概念，将政府预算建立在可衡量的绩效基础上。

后来，学者们也进一步对绩效预算的含义进行了研究，具体观点如表 1－1 所示。

表1－1　绩效预算的不同观点（来源为作者整理）

代表人物（国家）	要点	内容
张馨	◆一种预算管理方法	◇以目标为导向 ◇以项目为衡量标准 ◇以业绩评价为核心
沙利文	◆一种预算体制	◇以目标为导向 ◇以项目成本为衡量标准 ◇以业绩评估为核心
澳大利亚	◆五部分绩效预算	◇一是政府要做的事 ◇二是配置资源效率 ◇三是以结果为中心制定绩效目标 ◇四是评价目标实现状况的标准 ◇五是评价指标体系
贾康	◆一种新式预算理念 ◆绩效的核算 ◆一种示意图	◇以机构绩效为依据：把拨款和要做的事情的结果联系起来 ◇从资金使用的角度去分别规划政府各个机构在单一预算年度内可能取得的绩效 ◇预算资源的使用必须产生某种社会公众需要的社会效益
余小平	◆新型的预算分配理念	◇绩效预算的最终目标是工作的"成果"，而不是政府机构的"产出"

简而言之，绩效预算提供了对有限资源进行分配的预算决策方法，它从绩效评估开始，在规划阶段确定服务目的、目标和绩效指标组合。之后，进入绩效管理阶段，实际运用绩效，为决策制定过程提供信息。最终，绩效预算发展成熟的标志是实现在预算编制过程中使用绩效管理。由此，我们认为绩效预算是强调绩效管理的预算编制和执行过程，绩效信息可能被整合进预算过程中，也就是说工作的效率和有效性在一定程度上影响资源分配决策。

2. 绩效预算与传统预算的区别

绩效预算要求每笔支出必须符合"绩""效"和"预算"三个基本要素的要求。"绩"是指可量化和可考核的业绩目标。"效"是指衡量业绩目标达成情况的具体评价指标，包括量和质两个标准。"预算"是指业绩预算，他表明公共支出的成本，具有明确量化的标准。绩效预算与传统预算的区别主要体现在以下几个方面。

第一，预算形式的变化。尽管预算的主题仍是控制，但是控制所使用的机制发生了变化，使预算表现出不同的特点。传统预算的特点是：强调投入；划分明细科目；依靠预算体系；强调批准的数量。绩效预算的特点则是：注重产出；对事件进行归类；预算体系外还会依靠非预算体系；会细查实际数与预算数的差别。

第二，预算目标的变化。合规性是传统预算关注的焦点，而绩效预算关心的是有效的绩效测量和对成本的准确测量。由于经费的供给者并不要求支出机构提供某种明确的产出或结果，传统预算模式容易出现官僚预算最大化的支出动机。绩效预算正是这样一种旨在改变支出机构动机的预算模式，使支出机构更好地实现目标，而不是去追求预算最大化。

第三，受托责任不同。传统预算对投入经费的取得和使用负责，而绩效预算对结果负责，使管理者更容易进行管理上的创新。在绩效预算下，不再是传统预算中实行的那种严格的外部控制，管理部门可以选择最佳的投入组合方式来生产和提供服务，经费可以在不同科目之间或不同项目之间转移；允许一定比例的预算结余结转到下一个预算年度使用，也使得部门管理者不再像以前那样担心预算结余会被削减或被预算机构取走。

3. 绩效预算与绩效审计的关系

预算本身不是目的，它只是一种工具。现代管理者利用预算过程进行短期或长期的资本规划、审计以及项目评估。从理论上说，控制功能是预算的基本功能，预算需要具体的控制手段实现这一基本功能，包括会计控制、实务控制、采购控制及审计控制等。因此，对绩效预算的需求也是包含对控制手段革新的要求，绩效审计便是在这种形势的推动下出现，不断地发挥监督、鉴证和建设性作用，成为绩效预算监督控制体系的内容之一。通过绩效审计可以尽快建立预算支出的绩效评价机制，建立预算支出的绩效评价指标，加强预算支出的绩效评价工作。而在绩效预算的发展进程中，绩效审计也将获得顺利推行的有利条件。

（1）绩效预算能为绩效审计增加信息

如果将责任分为两个不同方面，一方面是管理者承担的运作责任，表现为服务和管理活动的经济性和有效性方面；另一方面是指财务责任，它要求管理者为每一分钱的使用负责。绩效预算将运作责任和财务责任结合起来，因为绩效预算是从绩效评估开始的，它通过反映资金的来源和去处，评估财务状况，实现财务责任。当上升到绩效管理阶段时，它使用信息系统监督服务和管理活动的经济性和有效性，实现运作责任。而这一过程的变化正是与绩效审计发挥监督和评价的过程相对应的。因此，一定程度上，绩效预算能为绩效审计增加信息。

一是绩效预算的运用形成了绩效审计的基本要素。预算流程如图1-1所示。传统预算只注重从"投入"到"产出"的过程，至于产出的质量不是关注的范畴。绩效预算框架则包括目标、预期成果、产出和投入。从下往上看框架层次，表明：如果投入所需军事资源，则能提供具体产出。这是考察经济性和效率性的成分，这是传统预算过程所关注的。

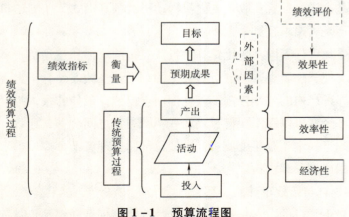

图1-1　预算流程图

来源：徐震、喻志刚，《论联合国绩效预算模式及其对绩效审计的启示》。

如果以绩效预算的理念来看图 1 - 1，就会增加考虑更多的指标和因素。首先我们要看如果提供了产出，这些产出是否能完成预期成果，完成预期成果是否就一定能实现预期的预算目标等。绩效预算框架除了通过业绩指标来衡量预期成果的实现程度，还要考虑重大外部因素，在预算周期开始时即予以充分考虑，排除预算绩效管理所带来的可控风险，对效果的绩效评价也是建立在透明可行的预算方案的基础上。绩效预算系统所反映的控制、评价过程，其实也描绘了绩效审计的经济性、效率性和效果性审计过程。

二是预算的绩效评价为绩效审计提供了可操作平台。绩效预算突出问责制以及相应的授权，是能够带动绩效管理制度的有效实施的。此外，绩效管理阶段，需要调动的因素除了绩效目标、绩效预算、绩效指标，它必然需要牵动绩效审计这一重要的绩效评价结果作为决策的依据。因此，一旦绩效审计成为绩效管理中的一个重要环节，绩效审计的发展便会趋于成熟。

（2）绩效预算和绩效审计的发展是一个互相促进的过程

建立以绩效为中心、突出绩效管理的预算制度，提出相对明确的绩效要求与考核指标，为审计机关提高绩效审计质量创造了良好的条件，同时也减少了审计风险的发生。而且，预算是绩效审计实践不可忽视的重要领域，因为预算是反映效果如何的一个窗口，也是检验战略有效性的一个重要指标，一旦舍弃预算，战略的执行效果就不得而知。

反过来，绩效审计质量的提高也为绩效预算的实施提供了支持。通过对绩效审计风险的防范，提高了绩效审计质量，可以对被审计单位或项目的绩效水平做出更加客观的评价，为下期预算提供决策基础，也便于考核预算单位的责任履行情况。审计部门应该为绩效预算制度的建立积极提供资料和信息。

第二节　军队绩效审计的价值增值

价值理念是人们对所追求事物的目标和实现途径重要性的基本看法，是组织生存和发展的灵魂，它决定着组织所作出的决策、采取行动的方式和方法。

一、引入军队绩效审计价值增值理念

国际内部审计师协会在2001年对"增加价值"一词做了如下解释："机构的设立，是为了其所有者、其他利益关系方、顾客和客户创造价值或谋取利益……内部审计师在收集资料、认识并评价风险的过程中，对经营与改良时机产生了深刻见解，这些见解可能会对机构带来诸多利益。这些有价值的信息可以以咨询、建议、书面报告或通过其他产品的形式呈现出来，所有这些都传达给相应的经营管理人员。"

英国国家审计署认为绩效审计的价值增值主要表现在：提供被审计单位在管理军队资源方面的绩效情况的独立信息，通过收集和分析证据来增进军队资源管理和使用过程中对某一重大主题的认识和理解；军队审计部门要明确通过提高经济性、效率性和效果性所能节约资金的范围和程度；提出有关被审计单位资源管理、实施计划、实现目标等方面的新建议，包括如何实现低成本高效率的改进目标。

正在兴起的有关"价值增值"的思想可以为如何看待捕捉军队绩效审计的全部价值这个问题提供一个更好的方法。价值增值的内涵与军队绩效审计关注的焦点是相关的。价值增值强调更好的结果和过程的重要性，不仅仅是强调更高的生产率。根据对"价值增值"的解释，我们认为理解军队绩效审计价值增值的含义可以有三个角度：

（一）绩效审计价值信息产生

军队审计部门通过采取系统化、规范化的方法来开展绩效审计活动，在收集资料、识别并评价风险的过程中对军队部门如何创造价值方面，可能会产生比管理层及其他职能部门更为深刻的见解，而这些见解是富有价值的。

（二）绩效审计价值信息利用

军队审计部门将这些有价值的信息以咨询、建议、书面报告或其他产品的形式呈现出来，为军队管理决策部门及相关管理人员进行管理决策提供帮助。

（三）绩效审计增值目标实现

军队部门管理者采纳、利用这些有价值的信息后，一方面可以借此消除各种减值因素，包括风险因素、内部控制漏洞、制度缺陷等，另一方面可以将这些有价值的信息用于军事经济管理活动中，从而创造出超过预期价值的价值。

作为一般性的规律，人们看重的关键事物可以分成以下三类：结果、服务和信任。在某种程度上，这三者相互重叠。衡量价值增值的大小这种方法运用到军队绩效审计领域，能将改进被审计单位管理状况的最终结果与审计活动本身服务的绩效都包括进来，同时也承认军队绩效审计活动可以带来无形的收益。如对军队绩效审计信任的提高。这就好比，警察出现在街上公众就会感到安全，这已经完全超越了获得更有效的服务或看到犯罪数量下降这样的结果。另外，军队绩效审计产生的社会效益也是一种无形的收益。

二、产生军队绩效审计价值增值理念的动因

（一）实践动因

军队绩效审计的价值增值并不是主观臆造和凭空想象的，它体现了实践发展的要求，是对实施军队绩效审计所追求目标及实现途径重要性的基本看法。

军队审计的传统价值理念是揭露和查处问题，审计工作的中心是围绕发现问题，揭露问题，查处重大案件展开，在军事经济体制改革初期展现了军队审计的力量，我们不会怀疑军队审计的价值。但是，军事经济体制改革的深入，对军事经济管理提出了更高层次的受托经济责任要求，也增强了军队对合理配置军事资源的意识。所以，我们需重新审视军队审计的价值理念，在推行军队绩效审计初期，就应该树立正确的军队绩效审计价值理念。

军内外经济环境的变化，使得审计监督的对象更广、层次更高。原始的监督是要发现问题、揭露问题和查处案件，更高层次的监督是要查看事情是否有效运转。军队审计作为军事经济管理的外部监督力量，转变价值理念，拓展军队审计内涵和功能是适时所需。

（二）理论动因

军队审计界一直在对军队审计内部的一系列重大问题进行讨论，包括内部控制审计、风险导向审计、风险管理审计、价值增值审计、参与式审计、战略审计等诸多问题。提出了军队审计要注重风险防范、提供增值服务、帮助军事部门实现其目标的发展方向；强调当今军队审计的实质就是关注、评价、改善和参与军事经济管理、内部控制，为军事部门增加价值。这些讨论为确立军队绩效审计的价值增值思想提供了坚实的理论铺垫。

其实，军队审计开始对价值增值的关注，反映了人们对军队审计期望的变

化，我们更期望军队审计的积极作为能对军事经济管理的各个方面都产生强烈的撞击，在军事经济管理中形成权力制衡机制并促使军事经济管理有效运行。而军队绩效审计正是能附着价值增值的功能，持着探讨、分析的思维方式来观察和评价军事经济活动和管理制度，通过提供鉴证和评价服务，综合评价管理和项目的合规性、经济性、效率性、效果性。

三、军队绩效审计价值增值的作用原理

军队绩效审计在以价值增值为最终标准时，需要明确增值并不能简单地理解为仅仅是资金价值上的增值，低成本也并不一定代表增值。因为军队绩效审计的目标，主要是以军事效益为根本而建立的，追求的是军事经济效益，对于一部分项目的军事效益，可能倾向于是描述性的，在某种程度上，绩效审计在促进相关工作的实际变化方面效果不明显；因此，我们可能也无法回答诸如"付出的审计成本值不值得"等问题。但是，促进实现责任循环也是绩效审计的一项重要职责，从这个意义上讲，对某些项目进行绩效审计是非常值得的。那些认为军队绩效审计"无效论""内耗论""非价值论"等的评估结果显然是不完整的，没有捕捉到军队绩效审计的全部价值。

"价值增值"运用于军队绩效审计价值领域，是指军队审计人员通过一系列的专业判断分析，产生新信息，以评价被审计单位是否存在可以持续改进经济性、效率性和效果性的制度安排，实现价值增值。军队绩效审计工作需要将审计重心从军事经济活动价值创造过程的事中转向事前和事后阶段，如针对项目风险评估和军事投资项目评价提供支持性的建议，评价对于任何通过技术实现的流程优化是否达到了设定的目标，保证被审计单位信息的完整、质量、及时、控制、保密及使用的需要，作出的审计决定等。这些建议、评价和决定，一方面强化了军事经济管理活动的审计监督，保证了被审计单位正常经济活动的有序进行；另一方面完善了被审计单位的内部控制制度，堵塞了漏洞提高军事经济管理水平，具有挖潜增效的作用。

概括而言，在军队绩效审计过程中引入"价值增值"理念，产生的显性价值是促进了军队绩效审计职能的不断扩大和深化。当审计的视野逐步打开，就会不断寻求更加广阔的服务途径，随着增值服务深入各式各样的审计对象，慢慢地就改变了被审计单位的观念和审计环境。不仅对军事资源抑制浪费和有效增值起

到莫大作用，而且，由于信任的产生也有助于军队绩效审计与外部关系的协调，审计支持环境的优化又能够反过来促进军队绩效审计价值增值功能的实现。

本章小结

本章主要阐述了军队绩效审计的基本理论，具体包括军队绩效审计定义、特点；它与财务收支审计、绩效管理、绩效评价、绩效预算存在的联系和区别。通过几组概念的解释，明确了军队绩效审计并不是孤立存在的，必须有与之协调的环境和制度才能使之有效地发挥作用。价值理念是军队绩效审计的发展之魂。本文引入"价值增值"的理念，分析军队绩效审计价值增值的动因和作用原理，从而论证军队绩效审计推广应用的必要性。

第二章　军队绩效审计的功能定位

2004 年在全国骤然间掀起一场审计风暴，当时的审计署审计长李金华被人们誉为"铁面李金华"，这是人们对审计的最高褒赏。但是，反腐败毕竟不是审计部门的职责，我们不能混淆了审计和反贪部门的职责。正因如此，当时的李金华说"尽量不要引起所谓的'刮风暴'"时，我们应该给予理解，我们有必要重新认识一下审计。审计是要揭露问题，但揭露问题的目的是为了解决问题，更是为了预防今后问题的再发生。预防为主，揭露为辅应该是审计职能的体现，相信经过一段时间的审计发展，我们的财经制度会变得健全起来，我们的审计工作会变得轻松起来。

可是我们面临的现状是，一方面，军队预算编制简单、粗犷，监督者往往也是知其然，不知其所以然，使监督行为流于形式；另一方面，除了要求军队经费依法使用，对经费使用的经济性、效率性和效果性要求日益受到关注。为了解决这个问题，军队绩效审计带着人们对它的崇高期望诞生了，并且可以预期其发展将是一种不可逆转的趋势。在我们对军队绩效审计的价值期望进行深入探讨之前，有必要认识到这种期望已经远远超出军队绩效审计监督功能的基本起点，因此，对军队绩效审计功能拓展的研究将是缩小期望差，实现价值期望的理论支持。

第一节　军队审计的功能拓展

一、审计的基本功能

审计功能涵盖着职能、作用、职责等意。国内对审计基本功能的看法大致为：审计职能是由审计的本质决定的审计固有的、内在的功能，但并不是固定不变的，它会随经济的发展和管理要求的提高而不断发展；审计是一种经济监督活动，具经济监督、经济鉴证两大职能，是审计能够适应社会经济生活需要所具备的能力。

通过总结历史和当前的审计实践，一般认为审计具有经济监督、经济鉴证和经济评价等职能。

（一）经济监督功能

经济监督作用是审计的基本职能。它主要侧重于通过审计，监察和督促审计对象的经济活动，保证财务控制实施；检查受托经济责任主体忠实履行经济责任的情况，借以揭露违法违纪，制止损失浪费，查明错误弊端，判断管理缺陷，进而追究经济责任。

（二）经济鉴证功能

经济鉴证功能是指审计人员对被审计单位的会计报表及其他经济资料进行检查和验证，确定其财务状况和经营的真实公允性、合法性并出具证明性审计报告，为审计授权人或委托人提供确切的经济依据。

（三）经济评价功能

经济评价功能是指审计人员对审计对象的经济资料及经济活动进行审查，并依据相应的标准对所查明的事实做出分析和判断，肯定成绩，揭露矛盾，总结经验，得出评价结论。

二、审计功能拓展的解读

审计职能不是一成不变的，它会随着经济的发展而发展变化。因此，审计基于其本质属性所发挥的职能，既包括本质功能，即审计本身所固有的、本质的、客观的功能，也包括审计本质功能所拓展出的新的具体职能，或是本质功能与具体审计形式相结合所发挥的具体功能。

（一）是基于"经济控制论"基础上的功能拓展

审计本质功能——"经济控制论"是现代审计功能的拓展与创新的理论基础。经济控制是指对经济行为的控制，通过适当的控制手段与方式，保证系统在不断变化的外部条件下达成某种有目的的行为。审计"经济控制论"观点认为：本质上，审计是一种确保受托经济责任全面有效履行的特殊的经济控制。换言之，审计活动是一种控制活动，审计行为是一种控制行为，审计的作用则表现为一种特殊的控制机制。

（二）是基于"受托经济责任"内容上的功能拓展

由于以委托人为代表的社会需要的层次与水平的不断提高和发展，委托人的期望与要求正在经历从低级向高级、由简单到复杂的不断发展变化。相应地，受托经济责任的内容也由单一到多样不断进行拓展，由此促进了监督、鉴证、评价等现代审计具体功能不断地拓展与创新，也引起了审计人员提供服务或从事业务的层次、种类、范围、内容以及形式的拓展与创新。

（三）是基于一定约束条件下的功能拓展

现代审计具体功能的拓展与创新要受制于一定的约束条件，应有谨慎和正当怀疑以及独立性、专业胜任原则是审计人员拓展服务的前提，审计人员拓展与创新他们的服务层次、种类、范围、内容以及形式并不能作为不遵守这些约束条件的理由。

根据上述现代审计功能拓展与创新理论，根据实际需要，军队审计是可以在条件约束下提供新的服务、扩大服务范围和增加服务内容以及改变服务形式的。例如，从财务鉴证向管理鉴证拓展，即从财务鉴证向鉴证服务领域和管理咨询服务领域拓展。提供服务的过程，也就为军队审计实现从面向被审计单位的行政执法型审计，向面向决策、面向军队的服务性审计转变；从查处问题为目标的审计，向为解决体制机制和管理等宏观层面问题提供依据的建设性审计转变；从关注军队财务收支真实合法性审计，向关注制度效率、管理效能、军队经费使用效益和政策效用方面转变；从追求审计项目数量、查处问题金额的微观数量型审计，向以结果为导向、以解决问题为目标的效果性审计转变；从传统财务收支审计管理模式向有利于绩效审计发展的现代审计管理模式转变提供实践条件。上述一系列转变的成功对拓展军队审计功能作用匪浅。

三、军队绩效审计功能拓展的方向

在不断变化的军事经济管理条件下，军队审计功能也在变化，我们应立足于军队审计与军事经济管理环境的关系来审视和分析军队审计职能发生的变化。军队受托经济责任内容由财务责任向管理责任的发展，促使军队绩效审计成为军队审计发展的历史必然，也促使军队绩效审计为适应环境需要而具备更多的功能。

（一）需要更高层次地解除受托责任

最初的军队受托责任主要表现为受托的财务责任，更为关注受托军事资产的安全性和合法性，关注军事资源的使用是否遵循立法程序，军队审计需要检查军队在财务事项方面是否遵循了真实性、合法性和合规性。

随着军事资源支出规模的扩大，军队受托责任从受托的财务责任发展为受托的管理责任。委托方越来越关注军事资源的使用效率、效果，军队履行以前的受托财务责任已不能满足委托方的要求，要从单纯的财务控制转向更加注重军事资源的经济性、效率性和效果性。与此相适应，军队绩效审计则需要对军事资源的经济性、效率性和效果性信息进行鉴证，从而更高层次地解除军队受托责任。

（二）需要更有利于决策有用

军队审计的意见和建议作为一种信息，是要为军事部门决策所用，获取更大的价值。决策有用性不仅对军事经济资源提供者的配置决策具有重大影响，对军事经济资源管理者的管理政策和管理措施也会产生重大影响。

更高层次上解除军队受托责任的功能一定程度上扩大了军队绩效审计工作的绩效区间。但是，解除受托责任职能也存在不足，它并不能挽回已经形成的决策失误和偏离绩效目标的后果，不能充分实现军队绩效审计的效用最大化。因此，军队绩效审计还需要引入更有利于决策有用职能。只有赋予军队绩效审计更多参与军队决策过程的职责，才能将绩效审计的结果和绩效建议融入军队管理规划与控制中，提供更有利于军队管理部门和决策部门作进一步决策的重要依据。

（三）需要可促进价值增值

促进价值增值功能体现在两个方面。一是，军队绩效审计能产生新信息。军队绩效审计也即信息拓展审计，审计人员通过搜集数据、分析数据、评价数据，提供有关部门在管理军事经济资源方面的绩效情况的独立信息；通过收集和分析证据来增进有关各方对某一重大主题的认识和理解；能明确提出通过提高经济性、效率性和效果性所能节约资金的范围和程度。二是，军队绩效审计能创造新价值。审计部门根据审计结果对问题的原因进行分析，提出有关被审计单位资源管理、实施计划、实现目标等方面的新建议，包括如何实现低成本高效率的改进目标等；督促被审计单位或有关机构采取措施加以改进，同时为决策机构提供有用的信息。军队部门通过采纳军队绩效审计的建议改善管理，使其各项经济活动更经济、更有效率、产生预期的效果，因此，军队绩效审计也是一种创造新价值的活动。

第二节 军队绩效审计可更高层次地解除经济受托责任

一、军事经济运行中的经济受托责任

正如 David Flint 教授所说，受托责任更是一种思想，一种支配着审计发生、发展的思想和本源力量。因此，试图给军队受托责任一个普遍性、一般性的定义是不现实的，我们只能在已有认识的基础上，尝试探寻军队受托责任的合理成分，概括、提炼军队受托责任的一个分析框架。

（一）军事经济运行中的受托责任的本源在于军事部门权力的公共性

军事权力所具有的"公共性"，使其必须是服务于军队的整体利益的，在军队内部之间利益要求发生矛盾的情况下，它应当在矛盾中发现其背后所包含的那些具有共同性的利益——那就是军事效益。如果军事权力要发挥积极作用的话，那么它不仅在军队内部的利益要求之间发现军事效益这种共同利益并加以维护之，而且会主动地促进军事效益的生成。因此，在军事效益最大化的过程中实现军队部门权力是军队受托责任的本源，是军队受托责任的前提和基础。在这里，军队受托责任具有两个目的：其一是政治目的，在于检查政治权力的执行，是一种使权力滥用最小化的机制；其二是运行目的，在于保证军事经济运行的有效性和高效率。

（二）军队受托责任的核心在于军事资源绩效评价

在军事经济管理的过程中，取得军事资源，就取得了运用军事资源的权力。国家是军事资源的委托方，军队是资源的受托方，拥有军事资源的管理使用权，并承担相应的托付责任。作为军事资源的提供者，国家势必需要了解军事资源的使用方向、使用过程以及使用效果。要解除其承担的受托责任，军队也必须对军事资源使用的效果进行解释、说明。按照杨时展先生认为的，军队作为公共资源的使用者，其受托责任应该包括：（1）负责以最大善意遵照国家和军队法律的规定，执行国家和军队的任务，并遵照法律手续，进行因执行任务而发生的军事资源上的一切收支，登记账目，按期据实报告，绝对不允许一切以权谋私的行为；（2）使用管理军事资源必须以最经济、最有效的办法；（3）军事资源的使用要最大限度地达到预定目的。

许多学者以绩效为切入点，分析和研究受托责任。委托方和受托方对公共资源使用绩效的共同关注，使绩效评价成为公共受托责任的核心。如果军队受托责任取决于经济绩效的评价，那么绩效评价的结果，则是判断军队所承担的受托责任能否顺利解除的依据。而且评价结果还能作为军队进行奖惩的依据，以及反映管理受托军事资源的能力。军队受托责任与绩效评价的关系中，绩效就如"军队受托责任度量的有效工具"，对受托责任履行状况做出评价，是军队部门合法性的权威基础。

（三）军队受托责任的基本环节在于提供信息和验证信息

受托责任的基石是事前或者事后信息的可得性，公共受托责任的基础是社会公众知道的权利。国家把军事资源交付给军队后，国家就有知道的权利，就有权利要求军队就军费的使用情况提供相关信息。使用这些经费的军队部门也有向国家提供信息的义务。从这个角度来说，存在一个可以正常有效运作的信息系统，用来提供足够的信息确保判断和决策，是实现军队受托责任的前提。

信息在军队受托责任中具有重要性。随着军事资源或责任由国家转移给军队，国家对军队的行为、结果产生期望，军队必须提供有关行为、结果等方面的信息，信息成为联系国家和军队的重要桥梁。

1. 军队提供信息

军队必须就其绩效对国家负责，军队提供绩效信息本身，是有效军队受托责任的充分条件，缺乏军队的绩效信息，军队受托责任就无从实现。在这个意义上，受托方提供的信息被称为"受托责任生命之血液"。

2. 国家（或独立第三方）验证信息

Richard（1997）把公共受托责任分成受托方的记录和报告、信息搜索或调查、评价和验证、命令或控制等四个阶段，其中信息搜索或调查、评价和验证这两个环节，描述的就是委托方对受托方所提供信息持有的"谨慎怀疑"态度。因此，国家并不完全依赖军队所提供的信息，军队提供关于军队受托责任履行状况的信息后，国家需要搜寻信息作为报告程序的补充，以达到正常受托责任之目的。信息接收和搜寻过程结束后，国家还必须对各种信息加以评价和验证。

军队受托责任的实质在于必须由组织外部进行评价。随着信息量的增多，信息评价和验证工作越来越难，国家必须借助于专业的、独立的第三方来完成。由于道德风险问题与特定的委托代理关系相联系，即便是建立了良好的"说明"机制，这种"记录"机制，也必须得到审计程序的支持。作为军队受托责任关系的强化，军队审计程序关注军队所提供记录的可靠性和完整性。无论审计对象是财务事项，还是与环境、安全、社会等其他事项有关，军队审计都日益成为评价军队受托责任的重要机制。

综上所述，我们认为军队受托责任理论包括军事权力、绩效评价以及提供信息和验证信息三个相互联系、相互作用的基本要素。三者之间的内在逻辑关系是：第一，军事权力是军队受托责任的本源，是军队受托责任的基础和前提。第二，在军事经济管理实践中，军事权力集中体现在对军事资源的支配和运用，国家和社会公众需要了解军队提供的产品和服务是否讲究了效率性、效果性和经济性，是否遵循了法律法规。他们还要了解军队项目是否达到了目标，是否取得了所要求的成果，以及资源耗费如何。因此，正是军队受托责任内容的拓展推动了军队绩效审计的发展，军队绩效审计要顺着军事资源的流向进行，绩效审计评价便成为军队受托责任的核心。第三，提供和验证信息是军队绩效审计评价的物质桥梁，军队提供财务信息和绩效信息，国家（或独立第三方）对上述信息的再评价和再验证，是进行绩效审计评价的必备条件，绩效信息和军队绩效审计在上述过程中扮演着重要角色。

二、军队绩效审计解除经济受托责任的功能定位

一直以来，学术界都认为受托经济责任思想是推动审计发展的根本力量。作为军队受托责任的一种强化程序，军队审计形态随着军队受托责任的发展，必须会经历以军队财务收支审计为主，到军队绩效审计的演变过程。军队绩效审计的出现，把军事资源使用的经济性、效率性和效果性等，逐步纳入审计评价范围。军队审计最初作为监督具体军事经济责任关系的职能也会发现一些新的变化。

（一）军队绩效审计能更高层次地解除受托责任

军队绩效审计可以有效地将军事资源所有者的监督动力在最大程度上外部化，也就是通过完善的军队绩效审计制度，将审计结果公开，并提出改进建议，通过信息的公开逐步建立起外部监督机制，让军事资源所有者可以直接监督军队行为。

根据《国际组织绩效手册》和《绩效审计指南》，绩效审计职能包括：（1）为政策制定机构提供公共资源管理质量的信息与保证；（2）分析被审计部门或项目的"3E"问题，确定需要改进绩效的范围和领域；（3）披露被审计对象绩效目标的实现程度以及原因；（4）分析被审计对象的绩效指标，为决策机构提供信息服务。

军队绩效审计作为绩效管理的一个子工具，一方面通过追踪军队资金的来源和去处，评价财务状况，以确定财务责任；另一方面还能结合对军队预算和项目计划的绩效评价提供的信息，确定军事经济管理活动中的运作责任，将财务责任与运作责任有机结合，便于军队绩效审计做出正确合理的评价，更高层次地确证或解除受托责任，为军事经济管理、绩效管理政策制定和宏观决策提供有价值的信息。

（二）军队绩效审计解除受托责任的途径

军事经济资源管理委托代理冲突是指：军队部门依据既定的法规、绩效目标等契约内容进行管理的过程中，往往会出现实际管理结果与预定绩效目标存在偏差的情况，即会产生军事经济资源管理的不经济、低效率。为了鉴证结果与目标偏离的程度以及查找效率低下的原因，判断政策是否有效实施，就有了解除受托责任的要求。

军队绩效审计实施受托责任审计可以达到这一目标，具体表现为：

1. 评价受托责任主体的执行力

执行力是指受托管理主体的行政管理能力，重点考评军队资金的合理使用或政策的有效执行方面，是否存在军队资金配置不合理、行政不作为和管理无序的情况。

2. 评价军队资金的使用效果

受托管理者拥有相对多的信息优势，这种信息不对称很容易引发权力寻租，直接影响军队资金的使用效果。军队审计部门要监督资金的用途和使用资金的行为的合理性，更要通过对经济性、效率性和效果性的分析，评价军队资金的使用效果，与绩效目标的差距及存在的原因，并提出审计建议。

3. 评价军队资金管理和使用的风险

评价军队资金管理和使用的风险更倾向于前期的决策和政策的制定。在风险管理领域，军队绩效审计发挥积极作用，需要关注和分析军队资金管理和使用中的风险和薄弱环节。所以，军队绩效审计选择审计对象时应该选择资金数量大、影响力大，军队战略规划中的重点项目和重点领域，对于群众广泛反映的突出问题也应该纳入重点审计范围。

因而，与传统军队财务收支审计指向"钱是咋花的"不同，军队绩效审计重点考量的是"花钱的效果"，将监督关口适时前移，对军事经济活动过程中的每一分钱是怎么花的、有无效果、是否造成了不应有的浪费等进行审计监督和评价，有效防止由于管理不善、决策失误造成的严重损失浪费和军事资源损失等问题。在传统的财务收支审计的真实性、合法性的基础上，"3E"维度的增加是这一层面的军队绩效审计职能的主要特点，扩大了军队审计工作的绩效区间，能在更高层次上解除受托经济责任。

第三节 军队绩效审计更有利于决策有用

一、军事经济运行中的决策有用需求

军事经济活动由许许多多的契约组成，而要使契约得以持续，使契约范围得以维持、扩大，"信任"乃是重要的"基础设施"。军队审计，通过为军事经济活动产生的财务、会计信息提供一个来自独立、客观、公正渠道的鉴证，增进了利益相关者们对于会计信息的信任，巩固了契约关系，体现出重要的、独特的社会价值。正如著名审计学家莫茨（Mautz, 1975）所指出的，"审计在发达（先进）经济社会中的作用能够并且已经以最简单的词表达——增加对财务报表的信任"。

军队审计在增加信任的过程中，其实是发挥了两方面的作用：第一，体现在对财务数据"结果"的质量保障，即直接对军事经济活动评估所要依赖的财务数据提供鉴证和监督；第二，通过审计过程中对军事经济管理制度的考察，也鉴证和监督了财务数据的制造"过程"，乃至军队单位内部控制和军事经济管理的过程。因此，军队审计的意见和建议，作为军队审计工作成果的集中体现，可以作为军事部门决策的重要依据。

军队审计的意见和建议作为一种信息，要为军事部门决策所用，获取价值。信息含量，也称为决策有用性，是要看信息是否对使用者的决策产生影响，如果信息使用者会因该信息的获得而改变初始决策，就认为该信息具有"导致决策差别的能力"，具有决策有用性。

对于军队审计意见或建议的使用者，相应地，认识军队审计意见或建议决策有用性的角度也不同，主要集中于两个方面：一是站在军事经济资源提供者的角度，研究审计意见或建议对军事经济资源提供者的决策有用性，检验审计意见或建议是否会对军事经济资源的配置决策、军事效益产生重大影响；二是站在军事经济资源管理者的角度，研究审计意见或建议对军事经济资源管理者的决策有用性，检验审计意见或建议是否会对管理部门的管理政策和管理措施产生重大影响，若管理部门因不同类型的审计意见或建议而作出不同的军事项目投资决策，则说明审计意见或建议具有信息含量，或决策有用。

二、军队绩效审计决策有用的功能定位

(一) 军队绩效审计中引入"决策有用"的必要性

推动军队绩效审计职能向决策有用性转变，可更好地发挥军队绩效审计的建设性作用，有利于提高军队政策的决策与执行水平，促进实现军队资金使用的"3E"。这主要是因为：

1. 军队决策的有限理性使然

一是，军事部门的职能定位是动态发展变化的。没有完美的制度，因而制度中的政策、法规或宏观决策并不能概括全部的军事部门职能。职能缺位，一旦出现新情况、新问题，就会缺乏相应的考评依据而难以评判，确认与解除受托责任功能难以发挥作用。二是，有限理性的"经济人"都有趋利的动机，利益的驱动会人为造成信息不对称和寻租行为，军队绩效审计的"3E"手段可能不能正确评价经济管理行为和效果，需要绩效审计向决策有用职能转变，以应对复杂多变的情形。

2. 军队审计的行政型体制背景引致

行政型审计体制下，军队审计部门与其他履行行政管理职能的部门处于同等地位，共同接受国家的委托履行军事管理职责。军队审计的职能定位是对其他军事部门、事业部门和军事资产经营单位进行问责和查处。但审计实践已经证明，军队审计的监督、服务职能的有效实现必须建立在审计主体的职责权限独立于被审计单位时。因此，当军队审计部门没有独立性时，绩效审计过分强调"问责查处"易使被审计对象产生对立情绪；而突出其"决策有用"职能，情感上易于接受，也更适合我军的审计体制安排，有利于实现军队审计部门与其他职能部门增进动态协作。

3. 为推动军队绩效审计工作向纵深发展做准备

传统合规性审计思想根深蒂固，"问责查处"仍是军队绩效审计的主要职能，绩效审计结论和审计建议还不能深入地进行因果分析，不能发挥绩效审计的建设性作用。要发挥对被审计单位或项目的增值作用，军队绩效审计必须提升实施"绩效"的空间范围。因为，如果已经形成决策失误和偏离绩效目标的后果，军队受托责任职能并不能挽回损失。这也是受托责任职能的不足，针对这一不足，军队绩效审计又引入了第二个层面的职能：决策有用职能。只有赋予军队绩效审计更多参与军队决策过程的职责，才能站在宏观管理和调控的角度进行系统分析，提出合理的建设性意见，促进军队加强管理规划与控制、提高管理水平，改善各部门的服务质量。

（二）军队绩效审计决策有用职能的作用层面

军队绩效审计决策有用职能要求在军队绩效审计过程中应该对不符合军事经济资源受托管理责任"3E"标准的政策、法规和项目决策提出改进意见，重视通过事前的审查对军事部门的计划决策提供建议。并且应该注意事后对审查出的问题进行归因，寻求改进办法，为以后的决策提供指导。具体而言，军队绩效审计的决策有用职能又可分为三个层面：

1. 事前决策有用性

包括绩效计划、绩效预算、建设项目的可行性研究、成本预测等内容，作用是在事前纠正和剔除可能出现的问题和不利因素，避免可能造成的损失。

2. 事中决策有用性

是通过对正在进行的军事项目的实施情况和事先预测情况的比较、分析，找出差距和存在的问题，通过修正、调整使其运行更合理。

3. 事后决策有用性

是对完成的军事经济活动的经济效益、效果、效率进行分析评价，找出问题和原因，为以后决策做指导。军队绩效审计结果是被用作管理决策层和被审计单位未来的决策提供有用的信息、建议和参考的。但是，从某种意义上说，军队绩效审计的决策有用职能更强调一种事前机制，它不仅关注政策的实施结果，更注重对标准、目标的实际执行过程，强调对军队经费支出标准本身的科学合理性和对引致结果的归因分析。

第四节　军队绩效审计可促进价值增值

军队绩效审计的功能定位，取决于对绩效内涵的理解。如果我们认为绩效不仅反映的是被审计单位或项目的当期或历史贡献，还包含了对未来效益的预期，则绩效审计就不应仅仅关注发挥监督、鉴证作用而单纯地关注对历史结果的回顾和评价过程，而应该拓展到审计在风险管理、内部控制以及使其价值增值的服务领域，对审计项目的潜能进行预测。

一、军队绩效审计价值增值功能分析

军队审计部门过去都倾向于防护性服务，把审计重点放在检查是否遵循会计制度与业务程序、验证会计核算的准确性、保护资产安全和完整、发现欺诈舞弊行为等方面。但是军事经济资源管理过程的多样性和复杂性愈来愈多地要求审计部门要倾向于建设性服务，如果继续把防护性服务看作唯一的职责，就会使被审计单位失去各种改进的机会。

如果把军队部门和军队项目看作是创造价值过程的实体，军队绩效审计则属于价值链中的质量保证活动，由于质量保证活动提高了价值创造活动的效率，具有价值增值的功能，从而最终提高公众对军事产品和服务的满意程度。军队绩效审计虽然不能直接带来组织经费的增加，但是它通过审计拓展服务领域和服务对象的方式，能够起到保护组织资产、减少组织风险、降低组织成本、增加组织收益、提出有价值的建议等作用来为组织增加价值，为组织带来经费管理效益的最大化。其价值体现的方式有两个方面：

（一）直接价值体现

军队绩效审计通过对组织的内部控制制度进行严格监督，帮助组织减少或者避免损失，当组织改善内部控制所需的成本小于其可预见的损失时，组织的价值就相应地增加。过去传统的审计不注重为组织增加价值，它开展的许多活动相对于审计价值增值要求来讲是不增值，或者虽然增值，但由于组织要改变现有管理状况所耗费的资源和成本大于增值所带来的价值，所以从整体上来说是不增值的。而在审计价值增值观念指导下，拓展能增值的审计业务是指不仅要给组织带来工作效率的提高，还要给组织整体带来资源耗费和成本的减少。

（二）间接价值体现

一是指"隐性价值"。有时候军队绩效审计的成本会比较大，从表面看，经济上是损失的。但是，绩效审计的结果却创造了很大的社会效益或者环境效益等。从这个角度来说，军队绩效审计可能创造了无穷的、无法衡量的隐形价值。二是指"威胁价值"。不是强调军队绩效审计发现的问题，而是由于军队绩效审计的存在，组织的管理者和其他职能部门不得不维持良好的控制系统和工作秩序，提高军事资源利用的经济性、效率性和效果性，以实现其预先设定的目标，也能获得好的审计结果，继而客观上产生了间接的组织价值。因为被审计单位感知到审计结果的好坏对他们很重要时，他们就会努力工作以获得好的审计结果，乐于接受并积极配合审计工作。

二、实现价值增值功能的途径

军队绩效审计价值增值功能的实现形式是提供绩效信息与其绩效改进建议，实现途径是通过改善军队部门或项目内部的低效率，改进军队部门管理方式和运行结果，实现军队绩效的持续改进，从而促使军队部门提供更优质的军事产品与服务。军队绩效审计实现价值增值的主要实现途径，一是能提供增值服务，二是要减少被审计单位或项目的损失。在提供增值服务上，主要是通过评价提供有价值的信息和建议。在减少损失上，主要是对被审计单位的内部控制进行评价，以确保内部控制对防止价值遭受损失的充分性和有效性。军队绩效审计实现价值增值目标的具体途径如图2－1所示。

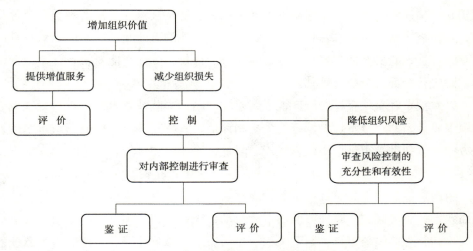

图 2 - 1　价值增值的军队绩效审计框架图

军队部门进行内部控制的目的就是减少组织风险，然而组织减少风险的风险管理技术有很多，所以为了最大限度地减少风险，军队绩效审计应该评估被审计单位采取的降低风险的措施是否充分和有效，如此，军队绩效审计的增值活动就深入到风险管理领域。

内部控制、风险管理是军队绩效审计活动的两大领域，鉴证和评价是军队绩效审计的两大基本功能。军队绩效审计以实现被审计单位目标为目标，以价值增值为目的，以风险管理为中心，在内部控制、风险管理两大领域充分发挥其鉴证与评价的两大功能。

（一）军队绩效审计帮助完善被审计单位的内部控制实现价值增值

军队绩效审计通过对内部控制进行测试，可以评价被审计单位内部控制制度的健全性、遵循性和有效性，能针对内部控制中的薄弱环节及时提出相应改进建议，促使被审计单位以合理的成本促进有效控制，达到改善组织管理状况、健全内控系统、提高组织管理效率的目的。

（二）军队绩效审计帮助改进被审计单位的风险管理实现价值增值

风险是一种潜在的可能的损失。风险管理就是通过对风险的预警、识别、评估、分析、报告和规避等，控制和降低风险，防止风险转化为损失。有效的风险管理可以减少和防止组织的损失，增加组织的价值。

军队审计部门具有相对的独立性，它能着眼于被审计单位的全局，更清醒地识别和评估风险，提出防范风险的有效建议；它能从被审计单位的利益和实际出发，更积极主动地识别和评估风险，提出防范风险的有效建议。军队绩效审计还具有综合性，它要对所有经济业务进行审查、评价，因而它能对被审计单位面临的风险进行全面的分析、评估。

针对被审计单位存在的倾向性、普遍性问题，军队绩效审计可进行专项调查和跟踪审计，通过经常性的调查、分析和评估，弄清问题产生的原因或未来的发展方向，以帮助被审计单位改善管理、降低风险、增加价值。

（三）军队绩效审计通过评价被审计单位管理的有效性实现价值增值

组织价值的增加离不开有效的管理。为了帮助被审计单位改善经济管理，军队绩效审计更应倾向于管理方面的审计活动，比如对预算和计划的绩效审计、战略决策和管理的绩效审计、军队工程项目的绩效跟踪审计等。通过实施军队绩效审计，帮助被审计单位认清管理和决策上的失误，保证行动与战略计划之间协调一致，提高军事经济管理的有效性，增加被审计单位的价值。

当然，军队绩效审计拥有的所有优势都要在被审计单位高度重视和充分利用军队绩效审计结果的基础上才能发挥作用，这是军队绩效审计能为被审计单位增加价值的必要条件。如果没有被审计单位领导的重视和支持，军队绩效审计就没有足够的权威性，就很难用直接的方式增值；如果被审计单位领导不积极采用军队绩效审计人员的建议，不主动向审计人员咨询，不注意利用审计人员提供的资料，军队绩效审计也很难用间接的方式实现增值。

本章小结

本章首先论述了审计的基本功能，然后通过对审计功能拓展的解读，推演出军队绩效审计功能拓展的三个方向：可更高层次地解除经济受托责任、更有利于决策有用、可促进价值增值。以上三个方面是军队绩效审计拓展出的新的具体功能，但军队绩效审计仍然具备经济监督、经济鉴证、经济评价的本质功能，由于篇幅和重要性的原因，文章没有赘述。同时，本章对军队绩效审计功能的定位也进一步阐明了军队绩效审计推广应用的必要性问题。

第三章　军队绩效审计推广应用的可行性

军队绩效审计推广应用必须考虑的一个根本问题是，军队绩效审计的推广应用应该具备什么条件，已经具备什么样的有利条件，同时还要考虑到推广应用过程中会遇到哪些问题。通过了解军队绩效审计已经具有的实践经验和开展这项审计的现实需求，可以明晰军队绩效审计进一步发展潜在的益处；而通过国内外绩效审计的经验借鉴，可以进一步明确军队绩效审计推广应用过程中的界限。

第一节　军队绩效审计推广应用的条件

一、军队绩效审计推广应用应该具备的基本条件

（一）较为深入的绩效观念

军队绩效审计能否顺利开展并推广应用，首先取决于观念，这不仅取决于军队绩效审计主体，即各级军队审计部门的观念，更取决于各级军队部门的观念。对军队绩效审计的认知不足，会使得军队绩效审计只是走过场而已，起不到应有的效果，反而加大军队审计监督风险，降低军队审计权威。因此，加强培训和宣传工作，增强各部门的绩效意识，使人们的观念适应发展军队绩效审计工作的要求，是军队绩效审计推广应用工作的重要前提。

（二）较为完善的法律环境

军队绩效审计法规体系主要包括军队绩效审计的法规、规章以及当前与开展军队绩效审计实践紧密相关的军队审计部门专项调查职责、审计事项评价准则和

指南等，可以具体到军队绩效审计评价体系的构建工作，军队绩效评价的规范性文件。详细规定军队绩效审计的范围和内容、绩效审计的程序和方法、绩效审计评价标准和依据以及法律责任等，对确立军队绩效审计的法律地位，规范军队绩效审计工作，强化军队绩效审计职能，保障军队资金的使用安全和有效，有力推动军队绩效审计工作发展都有重要意义。

（三）较为健全的预算制度

国外的实践已经表明，预算制度是否科学及其约束力强弱，直接制约着绩效审计的发展。因此，立法机关要重视和促进实施军队绩效预算制度。军队绩效预算改革目的在于进一步提高军队资金支出效果和军队部门管理效率。在绩效预算制度下，只有在预算资金的目标经立法机关确认是合理、必要时，才予以拨款。即使经立法机关预算审批和拨款的预算项目，最后还要通过军队审计机关对其预算执行情况，特别是绩效目标的完成情况进行审计，而审计结果会直接影响下一财政年度的预算安排。这又进一步促进了军队审计工作朝着以评价和监督预算资金的经济性、效率性和效果性为职责的绩效审计的发展。因此，军队绩效审计作为军队审计的新发展，与军队绩效预算制度的建立和立法机关对预算管理的深化程度有直接联系。可以说，军队预算监督越是朝着绩效预算方向发展，对军队绩效审计就会越重视。所以，深化军队预算制度改革，重视和实施军队绩效预算改革项目，能促进军队审计工作朝着以评价和监督军队预算资金绩效为职责的绩效审计的发展。

二、军队绩效审计推广应用已经具有的基础条件

（一）军队绩效审计有一定实践经验

从我军的情况看，近年来，军委、总部和各级越来越重视绩效审计工作，先后在某些重点领域对绩效审计进行了探索和试点，军队绩效审计发展势头已初现端倪。对于军队审计部门在审计实践中积累的有益做法，可为军队绩效审计的推广应用提供借鉴，主要有以下几个方面：

1. 军队领导干部经济责任审计与绩效审计相结合效果明显

由于在审计过程中既包括财务收支的合规性、合法性审查，又包括对经费使用情况的经济性、效率性、效果性评价，所以军队领导干部经济责任审计是一种综合性的审计，强调对领导干部经济责任的"问责"和"问效"。多年来的军队

领导干部经济责任审计效果表明，它是经济责任审计与绩效审计的成功结合，为今后在更广泛范围内开展军队绩效审计提供借鉴。

2. 军事工程投资建设项目是绩效审计的重点

军事工程投资建设项目集中了大量的军队资金，备受公众关注，项目实施的好坏影响很大。所以，战备工程、基建工程、军事交通工程等投资项目一直以来都是军事工程投资建设项目中的审计重点。工程项目的建设成本和建设资金与使用成本的节约程度、投资成本与效益的比较关系、工程项目投资目标的最终实现情况分别强调了对经济性、效率性、效果性的评价。通过对工程建设项目的绩效审计，可以揭示投资建设过程中存在的问题，从而不断完善投资管理体制。

在今后的军队绩效审计实践中，军事工程投资建设项目仍应该是审计的重点。这是因为，长期以来大量开展工程建设项目审计的实践经验，已经为该领域的绩效审计积累和奠定了良好的技术基础、评价指标等应用条件。而且，目前军事工程建设项目的建设与管理中还存在不同程度的问题，容易成为关注的焦点，容易在这一领域取得较好的监督成效。此外，在绩效无法量化，标准难以衡量的前提下，审计部门选择重点项目开展绩效审计也能有效规避审计风险。

3. 军队专项审计调查是绩效审计的重要选题

专项审计调查是军队审计部门为反映某一领域或行业的情况，结合相关财务情况而开展的专门调查。军队开展专项审计调查，将审计调查深入到维持性资金和有关专项资金投入或使用后的军事效益、经济效益和社会效益等方面，促进财经管理和提高维持性资金或专项资金的使用效益。对专项调查反映的问题，会倾听各方面的意见，以规避审计风险。在一定程度上，专项审计调查的宏观性、服务性、前瞻性体现了绩效审计成分。因此，在专项审计调查中加强绩效审计工作，能直接扩大军队绩效审计的影响力，提高军队绩效审计的地位。

以上几个方面的审计实践，都是属于财务审计与效益审计相结合的"非独立类型"的绩效审计，军队审计部门并未把效益审计作为一个独立的审计类型来安排，而是将军事经济管理效益方面存在的问题添加到财务合规性审计过程中一并审计，在财务收支审计报告中增加一些效益评价和管理建议。这种做法长期适用，反映出传统审计是绩效审计的基础，军队绩效审计短期内还无法独立于传统财务收支审计。与此相适应，军队绩效审计的推广应用也不会是一蹴而就的事情，我们从军队绩效审计与财务收支审计的结合模式中慢慢摸索，以便能更明晰地分离出对财务成果的分析与对军事经济活动绩效进行评价之间的界限，为下一步军队绩效审计在更广泛领域的开展提供经验。

尽管目前军队对绩效审计的认识还不全面，绩效审计工作的广度和深度都还不够，但毕竟已经认识到要搞绩效审计的问题。随着军事经济秩序的完善以及军队审计制度改革的深入，这种认识会更加深刻。正如 2011 年，中央军委《关于进一步加强军队审计工作的意见》的"八项举措"指出"从更新审计理念上，要牢固树立科学审计理念，积极推进微观审计向宏观审计拓展、事后审计向全程审计拓展、真实合法审计向绩效审计拓展……"的总思路，表明军队绩效审计推广应用的问题已经引起重视，在军事领域广泛深入地开展绩效审计工作的日子已越来越近。

（二）军队绩效审计推广应用具有现实需求

1. 军队财务收支审计局限性需要推动军队绩效审计

首先，军队审计软约束使审计的权威性面临挑战。传统军队审计职权包括经济检查权和制裁权、行政处罚权、调查权和报告权、审计结果公布权。但是，从实际效果来看并不尽如人意。军队审计软约束的直接表现就是问题"屡审屡犯"，审计报告内容越来越多，范围越夹越广，审计清单也越来越长，整改的情况却难以令人满意。这种现象表明，被审计单位的问题不仅仅是整改态度和整改力度问题所致，也与其他体制存在必然的联系，军队迫切需要建立一种常规跟踪监督机制，以及整改与预算相联系的制约机制，变事后监督为事前监督。

其次，军队财务收支审计存在盲区。传统财务收支审计工作的重点主要是对资金使用的真实性、合法性和合规性进行审计监督，是对审计对象某一具体时段或某一具体事项予以较多的关注。军队绩效审计的内容则是军队资金、业务活动和管理工作的业绩与效果，是对审计对象的全部过程及审计要素之间的联系比较关注，往往是从全面的、发展的角度，以及宏观的、全局的高度来评价的。

此外，军队财务收支审计价值评价标准不全面。传统财务收支审计重在查处违法违规问题，以合规性为唯一的价值判断标准。事实上，军队单位处于军队资金分配的中心，它的行为，不仅需要用"依法"衡量，更重要的是资源配置要有效率和效果。其审计应围绕推动被审计单位切实履行职能，并在其职能范围内有效开展工作而展开，与此相适应，审计中的价值判断标准应是收支事项合法性基础上的效率和效果。

2. 提高军队资金使用效益需要发展军队绩效审计

在资源稀缺与需求增加的矛盾下，军队越来越关注有效地使用有限资源的问题。军队近些年来，相继进行了多项重要的军队体制改革，如实行军队预算体制改革、军队采购制度改革、军队资金集中收付制度改革等。这些改革在规范军队资金管理方面发挥了重要作用，但仍然没有触及军队资金使用效率问题。切实有效地提高军队资金使用效益是迫切需要解决的问题，军队绩效审计正是在这一环境下产生和推进的。通过开展绩效审计，可以将审计监督的视角扩展到军队内部的决策失误、执行不力、损失浪费等深层次问题，评价军队预算经费和军事资源配置、使用、利用的经济性、效率性和效果性，为军队的科学决策提供更多可靠信息和建设性意见，更好地发挥审计的"免疫系统"作用。

3. 军队预算制度改革需要推行军队绩效审计

2001 年以零基预算制度为主要内容的改革是最具有实质意义的军队预算改革，因为这一阶段的改革思路发生了根本转变。新的预算制度在预算形式上实行分类管理，在预算方法上推行零基预算。从实质上说，军队预算编制制度的改革是在强调三个问题：一是预算的分配职能是否得到了强化；二是预算的监督职能是否得到了强化；三是军费的使用效益是否得到了提高。

零基预算的最显著特点就是全部项目重新开始预算，项目论证是重中之重，其着力点在于革除基数预算制度低效率配置的弊端，将军事财政资源尤其是重要军事项目类的财政资源安排置于效率管理的基础之上。分类预算对提高预算资金的管理效率也具有十分重要的意义。例如，分类预算制度改变了现行预算分类单一和笼统的状况，将军费划分为维持性经费和建设性经费，同时将代管经费纳入预算体系，分三大类编制预算，这样可以对各类预算实施不同的调控政策，促进了军费分配结构的优化。

自开始执行以零基预算、分类预算、综合预算为主要内容的新预算制度以来，军队预算工作的效率较之以前有了一定的提高，更重要的是军队预算编制改革对于加强军队建设宏观调控，优化军费投向投量，提高经费使用效益，也起到了积极的作用。

从军队预算编制改革的重点可以看出，军队预算审计已经具备绩效评价的基础，军队经费、物资资源的分配、使用和管理效益已经是军队预算审计关注的重点。零基预算要求每项支出设定目标，按照新的预算编制方法，项目经费预算资料中对项目的最终效果做出了明确的表述，它已经具有一定的产出特点。零基预算不仅改变了原有预算编制方法的时间、方式程序和内容等，而且对预算审计工作也带来了诸多影响，特别是由于预算编制时间的提前以及延长，致使审计部门从项目立项开始就介入关注，对其关键环节还能进行重点审计，使审计部门对项目经费使用效果的监督变得切实可行。

但是，由于军队预算没有建立相应的评价机制，人们无法肯定项目的目标是否落实，是否真有实效。也就是说，军队预算制度设计上的缺陷，迫切需要一种外在监督机制进行弥补，而军队绩效审计由于其兼具监督性和建设性双重作用，正好能担以重任。所以，可以说，在现有预算审计业务中加大绩效审计评价的分量，审计目标从合法性逐步向效果性倾斜，在条件成熟时开展绩效审计项目，是军队预算改革对推行军队绩效审计的现实需求，也成为军队绩效审计推广应用的有效动力。

4. 国内外绩效审计实践推动军队绩效审计的发展

西方各国的政府绩效审计已有 30 多年的发展历史，已走上了制度化、法制化的轨道，无论是在理论上还是在实践上都达到了一个新高度。就美国、英国、澳大利亚等一些有代表性的国家而言，绩效审计已经成为政府审计的主要内容，有的甚至占其总工作量的 90% 以上。他们已经有了一套较为完善的工作规程和技术方法。多数国家都已经有了绩效审计的准则和审计指南，最高审计机关国际组织和最高审计机关亚洲组织都已发布了绩效审计准则供成员国参考，各国之间也加强对绩效审计技术方法的交流。国内政府绩效审计经过多年的摸索和总结，审计范围由点到面逐步扩大，政策支持力度越来越大，也取得了良好的社会效果。国内外政府绩效审计在理论的建设和实践的开展方面成绩显著，为开展军队绩效审计提供了丰富的经验和大量的研究资料。

第二节 军队绩效审计推广应用具有的可借鉴经验

一、国外绩效审计的发展经验

自美国率先开展绩效审计以来，目前多数发达国家都已开展了绩效审计，绩效审计已经成为这些国家审计部门的主要工作内容。经过几十年的发展，这些发达国家的绩效审计的工作规程和技术方法已经较为完善，并形成了自己的绩效审计准则和审计指南。直至现在，这些国家之间还在不断加强绩效审计技术方法的交流。他们的成功经验主要有四个方面：

（一）合理选择审计项目，逐步扩大审计范围

在国外，很多国家在绩效审计发展初期选择从"短、频、快"的项目做起，征求被审计单位管理层的意见，关注那些有明确界限、明确目标的绩效审计。为了向公众证实绩效审计的作用，锻炼绩效审计队伍，他们选择的审计对象一般是小规模的。绩效审计初期，有选择地进行绩效审计实践，目的是快速积累绩效审计经验，以最小的成本获得有价值的绩效审计发现，树立并增强绩效审计的信心，最终赢得社会及被审计单位对绩效审计的理解与支持。近年来，他们不仅关注投资项目、公营组织、政府组织等通常的绩效审计，而且还包括了宏观经济管理政策执行情况的绩效审计，以协助国会监督和改进政府工作。

（二）广泛应用各种审计技术方法

西方国家审计部门在绩效审计手段上，充分发挥了计算机的重要作用。经过20多年的研究和发展，已经形成了较为完善的电算化系统审计，将一些科学理论如信息论、系统论、控制论、数理统计的知识运用到绩效审计的计划、分析、管理和数据库等方面，使得绩效审计的管理逐步科学化、制度化、信息化，管理效率大大提高。现在美国政府审计人员已经完全掌握了计算机审计技能，审计工作效率有了大幅提高。而英国常用的方法有询问法、调查法、观察法、统计分析法、图表法、变动分析法等。近几年来，英国还开发了一系列适合于绩效审计的

特殊技术方法，如问题解析法、碰头会法、绘制结构关系图等方法，进一步缩短了绩效审计周期，降低审计成本，提高审计质量。

（三）多途径披露绩效审计信息

一是向议会公共账目委员会提交绩效报告，包括常规审计报告、审计建议、鉴证报告等，报告作为美国审计署的"产品"对社会公众公开。二是向部门管理层提供建设性报告。三是向议会公共账目委员会提交备忘录，报告一些保密或特别紧急的项目。四是向社会公布绩效审计报告，通过报刊、网络、议会听证会等多种形式，向社会公布绩效审计报告，社会公众还可以在审计署网站上找到审计署发布的审计信息、审计发展规划、年度审计计划、审计准则等丰富的内部管理文件。

（四）注重协调与被审计单位的关系，确立绩效审计地位

绩效审计并不拥有与财务收支审计一样的强制性，被审计单位的配合程度关乎审计质量的好坏，决定绩效审计能否取得成功。军队绩效审计需要争取来自被审计单位的理解和信任，他们主要采取三大措施：一是开展专题审计。专题审计的特点是有针对性，是社会及各方普遍关注的问题。二是优化绩效审计小组人员结构。小组必须有不同专业、不同学科背景、不同工作经历的人员，这样的组织结构既可增强审计信心，又能赢得被审计单位对审计小组的认可。三是成立审计案例库。每次审计结束，都将有价值的审计方法与经验认真总结，分类归档，日益丰富的审计经验和方法技术是指导日后绩效审计的宝贵资料。

二、国内绩效审计的发展经验

自我国政府绩效审计开展以来，取得了良好的社会效果。主要的做法和经验有以下两点：

（一）逐渐加大立法支持力度

审计署成立以后，政府审计制度开始恢复和重建，最早只是称为经济效益审计。1985 年，《国务院关于审计工作的暂行规定》中明确要求审计机关对国营企业等机构和单位的财务收支及其经济效益，进行审计监督。直到 1994 年，《中华人民共和国审计法》规定：审计机关对国务院各部门和地方各级……组织的"财政收支或者财务收支的真实、合法和效益，依法进行审计监督"，这是首次在法律层面上对效益审计予以规定，经济效益审计开始走向法制化。后来，《审

计署 2003 至 2007 年审计工作发展规划》规定，国家审计机关应积极开展效益审计，"逐年加大效益审计分量，争取到 2007 年投入效益审计力量占整个审计力量的一半左右"，将经济效益审计的地位提到了前所未有的高度。《审计署 2008 至 2012 年审计工作发展规划》进一步指出，要全面推进绩效审计，到 2012 年，每年所有的审计项目都开展绩效审计。

（二）审计范围由点到面逐步扩大

在我国，绩效审计起源于国有企业等微观主体的经济效益审计。20 世纪 90 年代后期，绩效审计范围拓展，审计对象更加关注宏观领域，审计形式更加多样。审计署积极开展专项资金的经济效益审计，专项资金集中于大规模国债资金的跟踪审计和农业专项资金使用效果的审计，后来又对自然资源环保政策的执行效果进行评审，并关注建设项目审计等。在这一时期，取得的效益审计成果较为丰富，得到了较好的反映。

21 世纪，政府绩效审计开始全面拓展。深圳市卫生系统医疗设备采购及大型医疗设备绩效审计在全国性试点，取得良好的经济效益和社会效益，社会影响较为强烈，带动了一批地方审计局的绩效审计热潮。随着绩效审计实践的不断探索和积累，针对专项资金的绩效审计发展迅速，并在多个领域取得突破，涉及自然资源、工程项目、生态环境、救灾和义务教育各个方面。

三、来自国内外绩效审计的启示

国内外绩效审计的理论和实践，尤其是发展中的新经验，有可研究和可借鉴的价值。我们认为，根据军队的实际情况，建立与完善军队的绩效审计法规与相关制度，坚持军队绩效审计的阶段性发展规划以及提高绩效审计信息透明度，是我军当前推进绩效审计工作的首要任务。

（一）建立和完善军队绩效审计法律法规与相关制度

对美国、英国、澳大利亚三国的绩效审计实践分析表明，建立与完善相关制度，是实施绩效审计的重要基础。凡是绩效审计开展比较好的国家，其绩效审计方面的法律和规范也是制定得比较完善的。如《美国政府审计准则》的第六章为绩效审计工作准则，第七章为绩效审计报告准则。准则是一种权威性的规范，用于确保审计质量、职业道德水平以及审计专业技术，使审计部门提交的审计报告能够获得社会公众的信赖与重视。建议我军制定并实施绩效审计准则，系统化、规范化、具体化绩效审计的工作依据和流程。另外，我军还需逐步完善自己的绩效审计评价体系，为绩效审计的具体执行提供可操作的依据。

（二）提高军队绩效审计信息的透明度

借鉴国外审计经验，我们应加大审计结果公告力度。除涉密内容和不宜对外披露内容外，所有审计结果全部对外公告。可采取在报刊上公布内容摘要，在网站公布全文等方式。同时，应结合"军审工程"的建设，大力加强军队审计部门网站建设，并将其建成军队审计信息资料库，成为审计部门联系其他相关单位的桥梁。由于军队审计部门对外提交审计报告具有滞后性，削弱了审计报告的参考价值，针对这种情况，我们建议对不涉密内容，应适时予以公开。

（三）坚持军队绩效审计工作逐步推进原则

军队绩效审计起步较晚，绩效审计环境和基础都还不够完善。尚没有能指导审计实践的审计准则和审计指南，也没有为审计人员提供评判标准的绩效评价指标体系予以指导，加大了绩效审计的随意性，军队绩效审计只能在小范围内展开，并且大多绩效审计项目只能在财务收支审计基础上进行。军队绩效审计要在现有审计体制下，吸取我国政府绩效审计发展的成功经验，正确处理财务审计与绩效审计的关系。首先选择重点领域和重点项目开展绩效审计，然后以点带面，逐步在更广更深领域里推广应用，最终达到军队绩效审计的全面推广。

（四）创造全面推行军队绩效审计的外部环境

军队绩效审计能否顺利实施，既取决于军队审计部门自身的能力，也取决于相关配套环境的完善程度，特别是军队预算管理制度的健全程度。不完善的军队预算制度会直接影响绩效审计实施的成本。这一点在发达国家的绩效审计实践中已经明确地表现出来，预算监督越是朝着绩效预算方向发展，对绩效审计就会越重视，这是一种明显的因果关系。

第三节　军队绩效审计推广应用的制约因素

作为新生事物，军队已经在逐步开展绩效审计，并扩大绩效审计的范围，但开展绩效审计工作仍存在障碍。法规依据不足、评价标准缺乏、审计范围较为狭窄、人员素质不适应等诸多问题是军队绩效审计前进道路上不可回避的一系列难题。社会、政治和军事经济环境，客观上要求加快军队绩效审计发展步伐与军队绩效审计实践不足的矛盾，主要体现为以下几个方面。

一、军队绩效审计法规制度建设不足

目前，军队绩效审计尚没有规范依据，与军队审计有关的总部文件、部门规定、实施办法有 30 多个，都没有涉及军队绩效审计。《中国人民解放军审计条例》虽然在审计内容的定义中提及"对效益进行审计监督"，但在具体条款上没有再出现相关的条文内容。

与此同时，评价绩效指标的体系也存在很大的局限性。没有可以指导审计活动的绩效审计准则和指南，没有用于衡量被审计事实、鉴定经济效益质量的绩效评价标准，审计人员只能在被审计单位的现有政策、文件、标准中寻找可以依据的东西。对绩效的评价无据可依，影响了审计的质量。在许多情况下，军队审计部门或人员，要么自己设计某种标准，要么借鉴地方审计部门制定的行业标准或地方标准，其标准本身也不完善，甚至标准之间相互矛盾，这给军队审计人员客观公正地提出评价意见增加了难度，也影响了绩效审计的质量和审计结论的可信度。

在一个不太完善的法规制度环境下推行军队绩效审计工作，既缺乏实施依据，又缺少操作规范，评价更没有标准，一定程度上增加了审计风险，使军队绩效审计发挥建设性作用存在很大的局限性。与发达国家相比，军队绩效审计的法规制度建设任重而道远。

二、军队绩效审计工作范围比较狭窄

军队绩效审计尚处在初始阶段，绩效审计工作总量占审计工作量的比例较小，在军队审计工作中还算不上主流。目前，绩效审计更多的是针对军队基本建设等专项投资、领导干部经济责任进行的。在军队审计实务中，还没有形式独立的绩效审计，主要表现在：（1）真正需要开展绩效审计的军队重点领域或项目（如军队预算、装备科研经费、装备购置费）的绩效审计还未展开或绩效成分不够；（2）军队预算审计的主要力量仍放在真实和合法上，经费开支只要符合规定的开支渠道就可以了，至于经费预算执行过程及其效用如何，则没有给予充分关注；（3）军队绩效审计的工作范围较为狭窄体现在绩效审计只是局限于评议政策的执行，而不是评议项目以及政策本身。所以，绩效审计方法会过于关注程序和系统，而不是直接重视经济管理工作是否达到了预期目标。

三、军队绩效审计人才队伍不够有力

绩效审计人员必须训练有素，具有丰富的调查或评估工作经验。还要具备分析能力、创造性、善于接纳、社交能力、正直、判断力、耐心以及良好的口头和书面表达能力等个人素质。开展军队绩效审计对审计队伍建设提出了更高要求。独立性和胜任能力是审计人员应该具有的基本素质，审计人员应该具有更加专门的专业知识背景，较高的审计技术水平和跟审计项目相关的专业水平。但是，目前我军审计队伍无论是数量、结构配备还是组织整体素质上还达不到上述要求，具体表现在以下方面。

一是缺少高素质的专门人才。绩效审计属于难度较高的审计，专业性和综合性都比较强。专业要求审计人员除了要懂财务，还要精通工程项目；除了要懂经济，还要会管理、会进行资产评估。目前军队审计队伍人员准入门槛太低，任职期间针对审计人员的培训仅仅是提高了他们的查账水平，难以改变人员素质不高带来的"硬伤"。因为他们对传统审计技术较熟悉，而对现代审计技术比较陌生；现场作业经验丰富，而综合分析问题的能力不强；部分人员的政策理解水平、业务技能较低，离绩效审计的要求还有差距。同时，传统的财务审计人员的定式思维使得他们难以开放视野，在实际操作中，从宏观上认识问题和分析问题的意识和能力还比较差，主要还是就违纪查违纪，就资金审资金，就项目审项目，在跳出审计谈军事经济，围绕军事经济搞审计这方面做得还不够。

二是结构不合理。多元化审计人员结构要求有会计师、经济师、律师、工程师、数学家、电子计算机专家等，而我军审计人员主要是"财会型"人员，使顺利开展军队绩效审计缺乏一股核心力量，也加大了绩效审计的人力和物力，影响绩效审计效果和绩效审计地位的提升。

三是审计力量严重不足。现行体制下，军队审计部门人员编制仅700多人，实际岗位人员合计1100多人。人员少，形成不了监督拳头，这同我国国家审计部门、外军审计部门的编制规模相比，是不相称的。以审计人员与应审计单位比例计算，同我国国家审计部门（1：10）相比，我军应编制审计人员2400人；同美国、加拿大军队（1：1.5～3.5）相比，我军应编制审计人员6800人。美军全

部审计人员达 8000 余人，其最高机关——国防部的国防合同审计局集中了其中的 5000 余人，空军审计处亦有雇员 1100 名。在完成常规的审计任务要求下，我军现有的审计力量很难再承担需要更多人力、财力的绩效审计任务。

本章小结

　　本章通过论述军队绩效审计已取得的实践经验、当前的现实需求，以及可以从国内外绩效审计发展过程获得的成功经验，明晰了军队绩效审计推广应用的实践基础；对制约因素分析，指明了推广应用可能出现的矛盾问题。有利条件和不利因素的对比分析，说明军队绩效审计推广应用会存在一些困难，但也存在很大的可行性。

第四章 军队绩效审计推广应用的总体思路

20世纪90年代初，军队审计部门就曾在内部控制制度审计和领导干部经济责任审计中，将经济性、效率性和效果性评价融入审计项目。近些年，又在审计项目实施和报告阶段普遍加入绩效审计成分，在推动绩效审计发展方面初步摸索了经验。然而，现阶段加快转变战斗力生成模式的要求与低投入、高产出的军队建设发展要求，使我们明显感觉到军队绩效审计发展存在的差距。要深入推进这项改革，必须坚持"整体设计、积极试点、分步实施"的思路进行，就是要将全部军队资金按绩效管理要求纳入绩效审计范围，并分类设计出绩效审计的办法。在方法上，应当形成项目绩效审计、经常性支出绩效审计两种绩效审计方式，并按规划的要求和"先易后难、逐步推广"的工作原则，对那些易于实施的支出先进行试点，取得经验后逐步扩大范围，渐进地完成各项绩效审计，最终实现全面覆盖。

第一节 军队绩效审计推广应用的目标

军队绩效审计推广应用的目标是军队绩效审计推广应用在实现其使命过程中所追求的长期结果，它反映了军队绩效审计推广应用在一定时期内组织实施的方向和所要达到的水平。军队绩效审计的顺利推行要求对目标有充分的了解，才能够做到有的放矢。

一、确定目标的原则

（一）目标要与军队建设科学发展战略相互协同

目标要先进可行，确定目标时不仅要考虑当前的需要，而且还要根据军队绩效审计已经具备和未来可能具备的条件来确定，并应该考虑军队建设规划和权力关系对建立目标的影响。

从目标的层次性分析，军队绩效审计推广应用目标可以分为总体目标和具体目标两个层次。总体目标是指以军队绩效审计推广应用整体为统筹规划的对象，研究推广应用过程中的一些基本问题，例如军队绩效审计是否要在重点领域试点先行、如何选择重点领域、如何构建一套科学可行的评价指标体系等。具体目标是在总体目标的指导下，审计部门为推广应用过程中特定的职能活动、推广流程或推广领域所做的策略规划，是为贯彻实施和支持总体目标而服务的。

无论是军队绩效审计推广应用的总体目标还是具体目标，从目标层次性角度看都是属于军队建设科学发展目标的范畴，军队建设科学发展目标要求军队构建和谐的军事经济管理环境，以适应加快战斗力生成模式转变的需要。我们应该统筹考虑军队绩效审计推广应用目标实施与军队建设科学发展总体目标之间的关系，使军队绩效审计推广应用能够更加充分地利用现有优势，拓展新的发展空间，以求实现目标间的协同效应。

（二）目标要与军队绩效审计的内外支持环境保持平衡

军队绩效审计推广应用是在复杂多变的内外环境条件下展开的，因此，在制定目标时必须要考虑军队绩效审计的支持环境、内部资源和目标三者之间的动态平衡。

支持环境是指存在于军队绩效审计之外、军队绩效审计不能控制但是又能对其推广应用决策产生影响的外部因素的总和，主要包括制度环境、体制环境、法律法规、技术环境等。制定目标，需要充分利用军队绩效审计的有利因素，而回避或减弱不利的威胁因素。

内部资源方面，其中最重要的是军队绩效审计力量、审计人员职业素质等情况。制定的目标要与军队审计人员的专业能力和综合能力相适应，使之较容易被大家理解，执行起来也会更为顺畅，这样军队绩效审计推广应用的进度也将会大大加快。

二、目标的确定

鉴于绩效审计走进中国近 30 年的时间，一套较为完善的理论体系才初步建立，绩效审计实践也还在不断地探索和创新过程中。而且，通过对军队绩效审计推广应用的有利条件与推广应用过程中可能会面临的问题进行对比分析，我们认为，军队要完成财务收支审计向以绩效审计为主的转变，需要的时间也不会太短。但是我们可以借鉴国内外绩效审计的经验和教训，争取实现军队审计制度和运行机制的完善和成熟，实现军队绩效审计达到西方国家绩效审计先进水平，实现军队绩效审计的全面推广和普遍应用，使绩效审计实现对军事经济管理发挥间接的但是却是不可或缺的控制、评价和服务作用，这是军队绩效审计推广应用的最终目标。

而军队绩效审计推广应用的中短期目标是要实现：

第一，军队绩效审计范围的较大拓宽。在军队预算编制和执行领域，装备科研费、装备购置费和装备维修费领域，战备工程项目执行、管理和决算领域，重点建设部队经费收支、军事训练费以及领导干部经济责任审计领域实现广泛深入的军队绩效审计实践。

第二，军队绩效审计条件的更加成熟。基本形成一套适应军队绩效审计发展要求的评价体系；初步建成与开展军队绩效审计相适应的审计人员队伍和业务管理体系；确立军队绩效审计的法律地位和权利责任。通过立法、修订规章建立健全的审计制度，规范审计主体和审计客体的行为，从制度上保证军队绩效审计工作的顺利进行。

第三，军队绩效审计总体水平的较大提升。使得军队绩效审计由随意性向强制性发展，由零散的、粗略的、弹性较大的审计实践向统一组织、具有一定规模和影响的审计活动发展，实现绩效审计工作量占审计工作量的比重达到一半左右，改变军队绩效审计进程落后、上升缓慢以及与国内外绩效审计发展水平差距过大的现状。这是现有条件下，军队绩效审计推广应用在中短期内有能力实现的目标。

第二节　军队绩效审计推广应用的模式选择

绩效审计的发展没有固定模式，审计环境决定着军队绩效审计推广应用的模式选择。军队绩效审计的推广应用必须符合国情、军情，必须与绩效审计的客观环境以及审计部门自身的资源、技术条件等主观环境相适应，尊重绩效审计的发展规律，合理选择军队绩效审计推广应用模式。

一、选择军队绩效审计与财务收支审计协调发展模式

绩效审计方式主要包括两种：一种是单一型的绩效审计，即审计部门只对投入资金的效益性、效率性、效果性等进行审计，适合对合规性比较好的资金进行审计；另一种是综合型绩效审计，是指与现行的财务收支审计相结合的绩效审计。

目前，军队绩效审计处于财务收支审计为主、财务收支审计与绩效审计并存的发展阶段，完成财务收支审计向以绩效审计为主的转变，还需要时间。但是，根据军队绩效审计开展的实际情况，我们认为，现阶段开展军队绩效审计应该选择与现行的财务收支审计相结合的绩效审计模式。

（一）选择综合型绩效审计的理由

1. 符合现行法律框架的要求

《中华人民共和国审计法》第二条规定："国家实行审计监督制度。国务院和县级以上地方人民政府设立审计部门。国务院各部门和地方各级人们政府及其各部门的财政收支，国有的金融机构和企业事业组织的财务收支，以及其他依照本法规定应当接受审计的财政收支、财务收支，依照本法规定接受审计监督。审计部门对所列财政收支或者财务收支的真实、合法和效益，依法进行审计监督。"《中华人民共和国审计法实施条例》的第二条规定："审计是审计部门依法独立检查被审计单位的会计凭证、会计账簿、会计报表以及其他与财政收支、财务收支有关的资料和资产，监督财政收支、财务收支真实、合法和效益的行为。"《中国人民解放军审计条例》规定："军队审计部门依照本条例规定的审计职权、范围和程序，对各单位的财务收支、国有资产管理，以及其他有关经济活动的真实、合法和有效进行审计监督……"虽然这些法律和规定都提到了审计部门要对财政财务收支的效益性进行审计，但并没有对审计部门开展绩效审计做出明确规定。根据这些规定，无论是传统的财务收支审计，还是正在兴起的绩效审计，都应该从军队财务的角度进行监督和评价。

2. 目前还不具备开展单一型绩效审计的条件

一方面，财务收支审计的工作量在整个军队审计中比重过大，从而影响了绩

效审计的投入，绩效审计因投入不足而难以有效开展。另一方面，军队绩效审计与财务收支审计的基本原理是一致的，都是通过会计等信息资料的收集，对某一军事经济活动进行审计鉴定做出客观评价。但在审计目的、重点、方法以及具体操作要求方面，二者又有不相同。由于绩效审计具有综合性强、层次高和审计方法复杂等特点，加上开展绩效审计在军队仍处于探索阶段，成熟的理论研究成果和实践经验仍然比较缺乏，因此还没有比较成熟、规范、操作性强的军队绩效审计模式可以借鉴，导致目前全面开展军队绩效审计的难度较大。

3. 实践证明与财务收支审计相结合的绩效审计效果很好

与财务收支审计相结合的绩效审计不仅可以收到好的效果，而且是可行的，是易于操作的。首先，军队审计制度恢复建立以来，审计部门在开展财务收支审计方面取得了很大成绩，总结了很多经验，在审计的方式、方法、质量控制、审计报告等方面都形成了切实可行的操作规程，广大审计人员对此都非常熟悉。这为审计部门与财务收支审计相结合开展绩效审计奠定了基础。其次，如前所述，开展财务收支审计，是我军现行法律法规的要求，也是当前审计单位满足军队需求，能够有效发挥审计作用的一项重要工作。可以说，对于审计单位来说，开展财务收支审计是不得不做的分内之事。因此，与财务收支审计相结合开展绩效审计，是审计单位驾轻就熟、迈向绩效审计的便捷途径。

而且，根据审计项目的类型，即使有能力开展单一型绩效审计，这种与财务收支审计相结合的绩效审计类型在一些绩效审计中也占有相当的比重。如军队建设项目竣工决算审计、领导干部经济责任审计、军队预算支出执行审计、专项审计调查等绩效审计，都是与财务收支审计相结合展开的。

（二）综合型绩效审计可行性的评判方式

对一个项目开展绩效审计，首先要有一个"合规度"问题，存在的财务收支违规违法问题不是很普遍和很严重的情况下，军队绩效审计还是可以开展的。但是，违规违法问题是严重还是不严重的判定标准应该是怎样的，由谁来制定，这是一个应该结合实践进一步探讨的问题。总体而言，在财务信息真实，资金未被挤占、挪用，基本遵守财务制度和财经法规，或者财务信息失真但可以纠正，且资金被挤占、挪用的数量不是很大的情况下，军队绩效审计是可行的。在被挤占、挪用资金数量较大，或者财务信息失真严重且无法做审计调查的情况下，军队绩效审计不可行。

二、确定军队绩效审计推广应用的重点范围

（一）宏观绩效审计重点范围

宏观绩效审计涉及整个军事经济，内容非常广泛，根据国内外经验和军队实际情况及军队审计力量，应在如下范围内开展绩效审计。

1. 军队预算编制、执行和决算审计

目前军队已经开始对很多项目有绩效预算的要求，为了适应绩效预算的要求，就必须做到：

（1）规划计划预算编制与军队作战能力的结合。一方面，规划阶段的成果要更注重从提高作战能力的角度进行战略规划，使规划阶段的成果更能满足"战场感知""指挥与控制""兵力应用""防护""聚焦后勤""网络中心战"等作战能力的需要。另一方面，要加强对规划和计划阶段成果满足作战部门需求的审查。通过审查，使规划的文件更能反映出作战部门的实际需求，根据规划阶段的决策而制订中期计划的项目和经费需求也就能更好地为实现作战能力提供资源保障。

（2）对军队预算及预算执行情况的评审。绩效预算需要将计划和预算同时进行，所以在计划评审的同时也要进行预算的评审。预算制度需要对每年预算的执行情况进行评审提供更加充裕的时间和精力。通过评审，能使管理部门清楚地了解经费的实际配置与使用效益，从而在制定未来的计划与预算时更有针对性，有利于作出科学合理的资源分配决策。最终，也能更加满足军队在实际作战与训练中的需求，有效提高军事资源配置效率。预算执行评审需要覆盖计划与预算的整个过程，通过评审前一财年拨付资金的使用成效、相关项目的完成情况和实现预定计划目标的情况，向上级管理部门汇报资金使用效益。其目的是通过绩效度量分析计划和预算执行的情况，评估产出效益，最终确定资源是否得到合理配置。

（3）为军队预算决策者提供咨询服务。在军队预算制定中，为了有效防止因决策失误而造成的各种损失和浪费，为预算决策者提供必要的参谋和咨询服务是必要的。尤其是对军队预算决策层而言，面对着复杂多变的环境变化和大量真实程度不等的信息资料，更需要具有善于审时度势的判断能力。为了科学决策的需要，有必要依靠咨询服务为作出科学决策提供参考意见和建议。

2. 军事工程投资项目审计

是对军队投入的工程建设资金经过投资活动取得的有用效果进行审核和评价。军事工程投资是推动军事经济发展的重要因素，将有限的军队工程建设资金科学、合理地配置到工程投资项目的不同阶段，使其取得最大的军事效益，这既是军队资金支出的核心问题，也是军队履行受托责任的重要内容。当前，军事工程投资领域因决策失误、管理不善造成的严重损失浪费问题，一方面使有限的军队建设资金不能得到充分有效使用，另一方面也助长了军事工程投资建设领域中的腐败行为。面对军事工程投资建设领域存在的问题，要求审计部门及时调整军事工程投资审计工作的目标和重点，加强对军队工程建设资金使用效益的审计监督，无论从理论上还是实践上来看，都是当前工程投资项目审计工作必须探索的重要问题。

3. 装备项目审计

由于军费管理体制、职能的调整改革和武器装备发展需要，装备经费在整个军费中的比重加大，使得更多的经费得以投入武器装备现代化建设，装备经费的使用效益问题更为突出。而装备经费与提升部队战斗力的关系更直接，意义更重大。所以，要把装备经费审计摆到十分重要的位置，突破对装备经费末端使用单位查错纠弊式的微观审计模式，着眼于对装备经费全程管理的宏观审计，了解装备经费投资方向、投资规模、投资重点和投资效益等根本性、全局性情况。装备经费绩效审计通过评价装备经济活动中资金的使用管理是否存在浪费现象，是否建立应有的控制制度并得到了很好的执行，评价装备的预期效益与实际效益之间的差异，向决策者提供信息依据，并提出合理的建议，能够使有限的装备经费投入产生应有的军事效益，防止盲目投资、重复建设和低效循环。

（二）微观绩效审计重点范围

这是对军队单位军事经济活动效益和内部控制制度的评价。其目的在于推动军队单位挖掘潜力，更合理地利用军事资源，以尽可能少的费用，取得尽可能大的效益。其绩效审计范围主要是：评价军队单位的绩效指标状况；绩效指标体系计划管理情况；军事经济活动决策制度和内部控制制度的建立、健全情况。

第三节　军队绩效审计推广应用的基本途径

在 20 世纪 70 年代，工业化国家在开发和实验绩效审计方法与技术方面已取得很大进展。已经制定了计量政府绩效的依据，并运用了一些方法，同时拟制了绩效指标，探讨了重要的方案和关于经济、效率和效果的指标。这些工作有效促进了绩效审计在更深更广范围的推广和应用。随着经济、政治压力的不断增大，国外政府绩效审计推广应用的方法不断改进，由早期在某部门的所有主要系统进行绩效审计，转变为对某个项目或一组项目的绩效审计，并强调必须要更清楚地定义部门或项目目标和绩效标准，必须要将推广应用绩效审计必备能力的基本要求与前提纳入战略规划中，从而能创造或完善有利于推广应用绩效审计的环境。

根据国内外实践经验，结合现有有利条件和存在的阻力，军队绩效审计推广应用的对策可以划分为选择推广应用的重点领域、构建科学的评价体系及完善推广应用的支持系统等三个领域进行研究，各部分之间的关系是紧密相关、互为依赖、互为制约、共同作用于整个推广应用发展系统的。选择重点领域进行试点先行是实现目标的首要内容，构建科学的评价体系是核心问题，也是军队绩效审计推广应用实施对策的重点内容，支持系统则应该贯穿于实施对策的始终。

一、选择重点领域试点先行

在选择审计领域之前，都会有一个资料搜集过程，会通过各种渠道来广泛地收集和占有资料，以便获取正确的信息。在此基础上，就潜在的、值得进行绩效审计的领域做出初步分析判断，并采取多种方式，确认合适的绩效审计项目。这个过程可以确保审计部门选择的绩效审计项目与国家和军队的需求相适应，工作重点放在整个国家和军队所面临的最严重的管理问题和最具有风险的项目上。因此，选择好绩效审计领域，就为搞好军队绩效审计提供了前提条件。在实践中，审计部门按照以下原则，做好充分的研究论证，最终确定绩效审计领域。

（一）选择重点领域的原则

1. 遵循重要性原则

选择的方法可以是多种多样的，但基本原则是相同的。军队绩效审计推广应用必须遵循重要性原则，选取合适的、主要的主题项目，使得推广应用能集中于少数重大问题。因为，集中在重点领域可以缩小推广的规模，而适度的规模能降低推广的成本，可以经济地调拨稀少的资源，也能使推广应用过程中产生的成果容易聚焦，使推广应用产生更大的成效。

2. 遵循影响力原则

主要是指军队绩效审计领域所体现的重大组织影响，对于社会、军队和环境的影响以及公众关注的程度。如果审计领域对社会和军队具有典型意义，波及面广，或者对军队或被审计单位实现管理目标具有重要影响，则该审计领域影响力很大。在影响力强的审计领域进行审计，审计结果容易受到有关方面的关注。因此，影响力强的审计领域应优先考虑作为绩效审计领域。

3. 遵循增值性原则

军队绩效审计的终极目的是为了优化资源配置、改进军队行为。因而，绩效审计选择重点领域的意义最终在于提高项目纠正率。也就是，对人为制造的军事资源不充分利用情形的纠正。那么，绩效审计优先选择的就应该是那些绩效问题客观存在，对军事资源使用效益影响程度较大，且提出的整改建议能得到最大程度接受的项目或领域。即要判断被审计单位是否具有经济性、效率性和效果性上的可改进空间。因为，在有限的审计资源条件下，绩效审计不可能对所有不经济、低效率的行为进行纠正，要实现审计效益最大化的目标，只能以被审计单位能接受并改正评价意见的审计事项为主进行重点审计，让军队绩效审计成为可以看得见、摸得着的东西，以扩大军队绩效审计的影响。

（二）选择重点领域的方法

1. 以效率性目标为主线，选择那些绩效改进效果好的项目作为审计的重点对象

考虑到审计难度和审计成本因素，应该侧重选择那些相对比较容易操作，同时又具有重大参考价值和示范效应的军事项目。这样的选择一方面有利于"财务收支审计与绩效审计""审计与审计调查"的有机结合，便于审计人员对相关数据的对比分析；另一方面也有利于实现绩效审计成果的提升，最大限度地纠正和

改善军事经济行为中的不经济、不效率问题。

2. 应从军事战略角度分清目标的主次，选择有针对性和代表性的试点项目

一是要考虑选择资金数量大、影响大的试点项目，在部队形成影响力和影响面。二是要考虑重点审计领域应该是密切关系到军队战斗力生成的投资项目，是提升核心军事能力的关键点。三是重点领域里面，还要重点抓住一些主要环节开展绩效审计。如，对于重大军事投资项目，当前至少要抓住四个环节，即：投资决策、投资管理、资金使用、投资效果；对于装备经费项目，要着重科研费、购置费等重点环节。

3. 要考虑绩效审计可以给该审计项目带来的价值增值

一是考虑审计结果是不是能实现揭示政策失误、制度漏洞和管理缺陷的目标；二是考虑提出的审计建议客观上能否被相关部门有效利用和付诸实践，切实提高管理效率，实现改进绩效效果，真正发挥建设性作用，促进军队建设、军事经济的协调稳定发展，体现绩效审计价值；三是通过绩效审计是否能进一步明确被审计单位或项目的经济责任，提高其绩效信息的透明度、准确性，促进被审计单位提高经济效益，改善管理。

近年来，军队针对军事经济资源配置优化和军事经济活动领域创新进行了一系列的军事经济改革，审计部门适应改革形势，审计触角已经逐步向改革领域延伸。我们认为现阶段应该结合优化军事资源配置，加强经济决策审计要求，重点关注经费"源头"项目的绩效审计；结合新时期军事斗争准备的新要求，重点关注装备经费绩效审计，以适应装备建设长远发展；推进战备工程项目绩效审计，加快战斗力生成模式转变；加大绩效审计在领导干部经济责任审计中的比重，深化经济权力运行审计。

二、构建科学的军队绩效审计评价体系

军队绩效审计是一个复杂的、动态的过程，需要结合审计对象的实际情况，加以灵活务实的操作。绩效是一个难以精确衡量的概念，流程化和详细的评价程序、方法和标准实质上都可能妨碍评价的效果。只有真正掌握军队绩效审计评价有效实施的内在机制，才能在构建适合我军实际的绩效审计评价体系中少走弯路。

（一）了解军队绩效审计评价体系的特点

1. 评价方法有情境适应性

浓厚的绩效文化氛围是对绩效审计评价的最佳环境支持。各级领导熟悉绩效评价的环节，在日常工作中就持有绩效意识，可以使审计评价脱离走形式的尴尬。此外，绩效预算体系的建立可为绩效审计评价铺平道路。绩效预算从注重资金投入的管理转向注重对支出效果的管理，实现军队预算拨款与绩效的对应。表现为编制绩效预算时，要将军事经济活动转化为可衡量指标，转化后的这些指标就可以为绩效审计评价提供具有可操作性的衡量标准，有助于解决绩效审计评价标准难以确定的问题。而现实情况是，军队绩效审计环境还不够完善，军事部门缺乏绩效氛围，军队预算体系虽在不断地改革，但离绩效预算还有距离。在这种背景下，盲目引用国内外流行的评价方法和模型，并不能取得好的效果。比如，对绩效审计评价的研究都集中在如何整合平衡计分卡和其他绩效评价工具（如EVA）上来。平衡计分卡功能在绩效审计领域的拓展为绩效审计评价研究提供了新的研究平台。但由于军队绩效审计在实践中仍处于探索阶段，平衡计分卡虽得到一定程度的应用和发展，但仍存在很多误区，导致军队绩效审计评价在实践中举步维艰。如果完全依靠"平衡计分卡"，会出现两种不可回避的后果。一是由于各指标的重要性并不相同，因此权重各异，而权重大小的确定往往依赖于主观判断，权重设置过大或过小都会造成绩效的扭曲，不能很好地反映实际绩效，不利于审计得出正确的结论。二是定性指标不易衡量。平衡计分卡中定性指标无法像定量指标那样精确地加以衡量和考核。一般来说，建立在定量分析的基础上所得出的定性结论会比较具有说服力，如果有太多笼统和模糊性的定性指标，那么审计结果的可靠性也是值得怀疑的。基于此，本文提出一种新的绩效审计评价体系：将绩效审计评价体系分为作业层和价值认同层，在价值认同层使用平衡计分卡寻求绩效的关键成功因素，而在作业层从决策导向因素出发来确定绩效评价指标，进而综合关键成功因素和绩效评价指标来最终确定关键绩效指标。这种新的体系可以弥补平衡计分卡在绩效审计评价体系中运用的不足，帮助审计人员在实践中理清脉络，使绩效审计评价更具有操作性。

2. 评价指标需要丰富数据来源

指标好建，数据难寻。任何数据的采集，都需要有各自的系统独立运行，才能有效得到相应的数据支持，而数据支持的前提是已建立了一套数据采集的系统。例如，保证军队预算系统数据的联网和可获得性。对于军队绩效审计评价而言，数据采集困难在财务指标以外的层面上表现得更为突出，收集被审计单位目前的信息系统中所没有的评价数据意味着要进行额外的资金、人力和时间投入，"精确"评价的代价十分高昂。在军队审计资源有限的条件下，"低审计成本"与"高审计质量"之间，谁是最优选项，不得而知。

3. 评价体系具有复杂性

绩效审计评价体系一般由评价主体、评价客体、评价指标、评价标准、评价方法和评价结果及反馈几个部分构成。

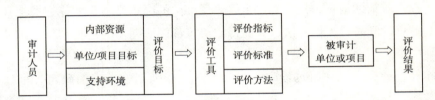

图 4 - 1　军队绩效审计评价体系的构成

图 4 - 1 反映了这样的信息：军队绩效审计使用评价体系时，审计人员需要了解三个问题。首先，评价体系中的审计人员和被审计单位或项目在价值判断和认知方面存在差异。实践中评价结果与评价期望会产生偏差。其次，评价目标和指标的确立，是被审计单位或项目内外环境及战略的综合诉求。环境的动态多变使得被审计单位或项目的任务并非程序化，从而出现项目目标同时存在长期目标和短期目标的冲突。最后，评价工具的信度（评价结果的一致性和可靠性）和效度（评价结果与评价内容的相关程度）问题将是困扰军队绩效审计评价的难题。当操作性或实际评价指标所包含的变异与最终目标不相关时，便会产生误差或偏差。

（二）遵循军队绩效审计评价体系的设计原则

军队绩效审计评价对绩效改进的有效性主要是通过绩效评价体系设计来发挥作用的。面对评价体系这一困扰军队绩效审计工作实践的重大命题，审计人员需要紧扣审计项目内容的区域特色、军事特色和政治特色，积极探索，进而发现评价标准、收集评价标准、建立评价标准，针对不同的项目特征制定具体的评价指标体系，军队绩效审计才能得以推进。在指标的选择上，不能出现一边倒的趋势，定量指标和定性指标在接近、分析现实情况时其实是相得益彰的，一开始就摒弃某一类指标是不明智的。并且，军队绩效审计中的经济性、效率性、效果性并非绝对，而是相对的，选择不同的标准和参数，就会有不同的结论。在一定框架范围内，选取可定量、定性且具有可操作性的评价指标，既可保证全面衡量被审计单位或项目的绩效情况，又能避免各环节中过于细节的核算。具体而言，有效的军队绩效审计评价体系应该具备以下特征。

1. 评价要客观公正

公正的评价过程要避免评价体系构建者的主观影响，以指标自身的相关性为优先级进行参数分类。在评价过程中需区别利益相关者的不同视角，比如，专项经费的投入政策性很强，只有弄清上级管理部门的决策意图，才能把握绩效审计评价的要点，既简化工作方法，又能得出决策部门所期望的评价结果，以便进一步指导决策。

此外，还要注意评价过程中的参与度。对非强制性标准的确定，审计人员更加需要与被审计单位充分沟通，寻求和确定一种适合的、符合双方利益要求的评价标准。审计对象参与绩效审计评价会让他们对评价程序和审计人员感到满意，他们被允许表达意见的机会越多，对评价结果越满意。因此，审计对象得到了审计人员的支持，他们对评价的接受度会增强，有利于评价建议的采纳。

2. 目标设置要明确

军队绩效审计评价通常是带有一定战略目标的。评价体系设计时将战略转化为定性目标和定量目标，绩效审计评价能更完整、清楚地反映军队重要的经济活动，从而增强军队单位的自我管理和自我控制意识，强化被审计单位或项目的职责以及单位或项目与绩效的关系。

一方面，因为目标是驱动行为的动力，明确的目标能够帮助被审计单位或项目明确上级管理部门对他们的期望；另一方面，设置明确的目标也是寻找绩效差距的标杆，具体的指标与空泛的指标相比，前者能加倍提高被审计单位或项目的绩效，利于帮助被审计单位改进绩效、学习和成长。

3. 控制功能要完善

绩效审计评价只是手段，而发现问题、提出解决问题的建议、提升被审计单位或项目的绩效才是最终目的。基于军队绩效审计经济控制的本质功能，军队绩效审计评价作为军事经济管理政策的一项工具，包含着对军事经济活动运行和对军队单位经济活动的控制意愿，对军队单位行为具有一定的约束作用。然而，军队绩效审计评价的每一个功能都可能有积极的一面和消极的一面。如果评价体系设计不完善，可能会放大其负面作用，破坏军事经济活动的和谐氛围。因此，设计评价体系要注意评价所处的环境，妥善发挥其控制功能。

　　4. 层次结构要分明

　　从系统论的观点看，军队绩效审计评价体系设计要使体系的每个子系统都得到合理发展，以此实现评价体系的整体发展。从宏观上看，军队绩效审计评价体系是一个分层结构，包括战略层面、职能层面和项目层面的内容。层次分明的评价体系能更好地把战略目标分解，并与被审计单位和被审计项目努力的方向有机结合起来构建一个多层次的目标体系，这样才能够有效过滤掉不同层次评价环境对结果的影响，增强评价的公正性。

三、完善军队绩效审计推广应用的支持环境

　　军队绩效审计推广应用不是一个孤立的问题，而是一个浩大的系统工程，涉及方方面面的复杂关系和具体问题，牵一发而动全身。要想真正推动军队绩效审计的快速发展，离不开军队管理体制、制度的改革等众多因素的共同影响。组织和制度、军队和社会、政治和经济因素都影响着军队绩效审计前进的步伐，军队绩效审计的巩固和发展体现了军队审计部门与国家、军队之间的博弈。由这些因素构成的审计环境可能会造成军队绩效审计发展的不平衡，关系着推广应用的可行性。全面推进军队绩效审计的发展，就应当深入研究和考察，认真分析相关的制度与体制环境，方能为促进军队绩效审计的推广应用提出系统科学、切实可行的参考意见。

　　分析支持环境的影响因素，一是考虑是否具备推广军队绩效审计的条件，包括军队法律制度环境、政策要求、资金获取、使用或审计项目的进展情况；二是考虑是否能取得充分、相关和可靠的审计证据，即跟军队绩效审计发展相关的法规文件资料、财务会计及业务资料、信息系统及电子数据、绩效审计评价标准等获取的难易程度及获取证据过程中可能面对的各种矛盾；三是考虑军队绩效审计资源条件的满足程度，即所需的时间、人力、物力、财力、技术手段等。

本章小结

　　本章主要探讨了要认识军队绩效审计的发展规律，对军队绩效审计推广应用工作做出合理规划。总体思路是：首先确定军队绩效审计推广应用的中短期目标，然后在目标基础上选择适当的发展模式，并提出实现目标的基本途径。基本途径的提出也为下一步论述军队绩效审计推广应用的具体实现途径起到提纲挈领的作用。

第五章　选择重点领域进行试点先行

国外的绩效审计主要讲一个个具体的项目，如一条路、一座桥、一栋楼等。而我们既要讲具体的项目审计，更要讲一个方面、一个领域的审计。因此，探索有中国特色的军队绩效审计，必须坚持"全面审计，突出重点"的方针。全面审计是基础，关键是要突出重点。

第一节　对军队绩效预算改革项目实施绩效审计

自 2001 年开始执行以零基预算、分类预算、综合预算为主要内容的预算制度以来，军队预算结合实际，在一些重点领域开展了各具特色的绩效预算改革，积极推动了军队资金的分配和项目管理的改善，预算工作的效率较之以前也有了一定的提高。但是，除了学术研究的需要外，我们很少用"绩效预算"这个词。而更多地使用"经费支出绩效评价""军队预算绩效管理"和"军队绩效管理"等说法。学者与实践者在用词上的差异，既反映了绩效预算改革者务实的态度和改革在不同阶段的重点，也反映了军队绩效预算改革尚面临一些现实问题，军队实行绩效预算从长远看是预算改革的方向，但目前做不到，因为全面推行军队绩效预算的条件还不具备。这些以绩效预算名义开展的改革实际上是进一步夯实了应用绩效预算的基础条件。因此，在这里我们把所有这些改善军队预算管理的努力统称为绩效预算改革，而这些项目则称为军队绩效预算改革项目。

一、军队绩效预算改革项目实施绩效审计的必要性

随着西方发达国家推行绩效预算项目的绩效审计，绩效审计在公共预算管理

体系中的应用程度也日益深化。这表明，将绩效审计引入预算管理改革进程，顺应了公共管理环境变化的要求，体现了良好的预算制度结构正在逐渐形成。

（一）国家绩效预算改革项目推进绩效审计的进展

初步统计，自财政部 2011 年召开的第一次全国预算绩效管理工作会议提出全过程预算绩效管理理念以来，2012 年中央部门新出台了近 30 项预算绩效管理办法。如，财政部在 2012 年出台的《预算绩效管理工作规划（2012—2015 年）》和两个评价方案，确定了今后一段时期预算绩效管理的总体目标、基本任务和工作重点等。在各级财政和预算部门认真部署和充分重视下，预算绩效管理工作的顶层制度设计不断完善，绩效预算与绩效审计工作开始更深层次结合。具体表现为：

一是加强目标管理，抓住管理源头。中央部门和地方财政部门预算绩效目标管理不断推进，2013 年地方财政部门拟纳入绩效目标管理的项目达到 84675 项，将绩效目标管理融入部门预算编制"二上二下"的各个环节，做到绩效目标和绩效编制同步申报、同步审核。对绩效目标的管理也使得审计必须从提供审计的事后"鉴证和报告"，转变到事前确定目标、事中记录和监控、事后进行评价，评价的结果也广泛用于对项目资源分配进行更明确的决策，追究各部门的管理责任，以及发现管理中存在的问题、找出原因、提出高质量的工作建议等等。

二是实施绩效监控，监督绩效运行。绩效监控是预算绩效管理的重要环节。各地区各部门纳入绩效监控管理的资金不断增加，并进一步完善绩效监控方法，促进绩效监控与预算执行的有机结合。针对项目绩效的关键点，审计部门重点对预算执行过程中绩效目标的实现情况以及实现目标采取的管理措施、工作程序、方式方法等进行检查分析，及时掌握项目实施进程和资金支出进度，及时发现和纠正项目绩效偏差，相应调整项目预算。审计工作已经从传统的审查合法性和合规性审计中独立出来，侧重于对经济性、效率性和效果性的审计。

三是扩大评价范围，拓展评价模式。从审计评价模式来看，各地区各部门已逐步突破传统的项目支出绩效评价模式，开展财政支出管理绩效综合评价和财政政策综合评价以及部门整体支出绩效评价。审计模式从预算支出执行审计扩展到对财务管理活动的综合审计，有利于提升财政管理绩效水平，促进各项政策的落实，促进部门职能的履行。

（二）军队绩效预算改革项目实行绩效审计的趋势

军队按照贯彻落实中央军委要求，把加强绩效预算改革作为财务管理的中心工作，军队部门积极开展绩效预算改革试点，预算绩效管理制度也在逐步建立，预算绩效管理机制向着"预算编制有目标、预算执行有监控、预算完成有评价、评价结果有反馈、反馈结果有应用"慢慢靠拢，军队预算绩效管理与审计监督开始有机融合。武警森林部队还率先出台了《武警森林部队经费支出绩效管理办法》，军队部门也先后进行了军队预算改革，强化改革项目的预算管理、绩效评价以及审计监督的协调配合，建立健全三者联动机制。要使军队资金处于全过程监控之下，军队部门在绩效预算改革项目中也在加大绩效成分审计工作，以逐步扩大绩效审计范围；进一步拓展绩效预算改革项目的评价结果应用，将绩效考评结果纳入项目考核体系，扩大绩效审计工作影响力，提升绩效审计地位。

二、军队绩效预算改革项目实施绩效审计的有利条件

近年来，军队绩效预算改革已经在一些资金量大的领域逐渐展开，也取得了一定进展，为开展绩效审计工作提供了实践基础，当前针对军队绩效预算改革项目实施绩效审计的条件已基本具备。

（一）项目绩效管理意识已经较强

通过这么多年的实践，"用财要问效"的绩效意识已经逐渐渗透到军队各个部门，花了钱就要有效益已经形成了共识。军队预算改革的工作方向正朝着健全机制、完善规章制度、开展重点评价的总体思路展开。同时，日益壮大的军队资金收支规模需要不断加强预算绩效管理，提高军队资金使用效益，促进军队预算工作从"重分配"向"重管理""重绩效"转变。这是军队预算改革发展到一定阶段的必然选择，加强预算项目绩效管理是顺势而为。

（二）绩效预算改革试点工作积累了实践经验

军队预算改革实践中，部门预算、军队采购、资金集中收付、零基预算、"收支两条线"的预算管理制度改革已经全面展开并逐步深入，军队资产管理改革也已分步实施，预算监督力度不断加强，预算管理由重收入管理转变为重支出管理，初步建立了"财权财力集中、经费分配科学、项目具体透明、监督制约严密"的预算管理模式。同时，近年来军队推行对项目经费的预算支出绩效考评的积极探索，也宣传了绩效文化，普及了绩效理念，积累了实践经验，为下一步工

作的开展创造了良好的条件。

三、军队绩效预算改革项目实施绩效审计的重要方面

（一）建立"事前参与"预算绩效管理机制

预算绩效目标管理是绩效审计质量的基础，即使审计对象能忠实地执行预算控制的指令，环境干扰的存在也会使控制作用无法达到预定目的。因此，军队绩效审计要对预算绩效信息适时进行跟踪监控，发挥"防患于未然"的作用，着眼于消除或减少可能发生的干扰影响来制定控制策略，即在干扰因素造成影响之前，能够通过审计预测干扰作用的性质和程度，提出足以抵消干扰影响的有效建议，并施加于审计对象。审计部门要将预算编制作为重要环节融入编制审计实施方案中，并在分析审计问题和提出审计意见时针对预算编制做出专门分析和探讨，通过关口前移抓源头的方式来改进预算制度的有效性。在预算执行审计过程中，如果审查到预算方案制订时没有预料到的情况，需提出对原预算的收支范围、项目和数额等进行局部的修改、补充，即进行预算调整的建议。促使通过预算调整监测可能或已发生的干扰因素，把它量化并准确地反映在预算调整方案中，也能事先抵消干扰的影响，维护军队预算的严肃性，增强军队预算控制的严密性。

（二）完善绩效审计评价标准

军队绩效预算项目绩效审计评价需要以绩效目标作为评价标准，以对比分析各项支出，发现存在的问题与不足，提出审计建议。完善目标评价标准有三种途径：

一是审查预算编制与发展目标的结合程度。为了防止绩效预算改革项目目标的设定脱离实际，绩效审计需要审查预算安排是否合理，即在编制年度预算时，就根据军队部门绩效目标审查应提供的服务数量和水平，实现这些目标应开展的详细活动和需动用的军事资源，以及具体衡量指标和绩效标准等。

二是审查预算执行与管理环节的结合程度。预算执行体现在人员经费支出、公务事业费支出和项目经费支出等方面，绩效审计不应仅仅关注这些大的方向，而是要细化预算支出结构，分析每一笔预算经费的流向和流量，分析支出增长和变动性费用的合理性，分析原因时向内控制度、业务流程方面延伸。

三是审查预算执行结果与年度工作成果的结合程度。绩效审计主要审查经费

保障是否到位或过剩，审查经费使用是否产生了预期的军事建设成果。

（三）实现绩效审计结果的有效应用

绩效审计结果应用的落脚点主要在促进预算管理、推进绩效信息公开、实施结果奖惩几个方面。

一是促进预算管理。建立完善的绩效报告机制、反馈整改机制以及与预算安排有机结合机制。绩效审计结果应该对管理部门的决策提供依据，并将绩效审计评价结果及时反馈到被审计单位，督促其整改评价中发现的问题，促进其提高预算管理水平。

二是推进绩效信息公开。加强预算绩效信息发布管理制度建设，完善绩效信息公开机制，逐步扩大绩效目标、绩效报告、审计评价结果等绩效信息在本部门和军队内部公开的范围，接受公众监督。

三是实施结果奖惩。建立预算绩效考核和评价结果通报制度、约谈制度，将预算绩效管理工作考评结果纳入部门工作目标考核范畴，作为评价部门工作的重要依据，作为领导干部综合考评的重要内容，逐步建立绩效问责机制。

第二节　推行装备经费绩效审计

军事装备是国家综合国力的象征之一。古往今来，任何国家的权力机构无不为之倾注了大量的财力和物力。进入 20 世纪 80 年代，由于先进武器装备成本的提高以及军队采购、军事承包方面寻租行为的发生，各国开始关注装备经费的使用效益问题，许多国家特别是西方发达国家，在国防部专门成立了国防合同审计局，其中 60% 的人员用于审查装备采购行为合理性和经费投入使用情况，以提高装备经费的使用效益。

面对经济基础薄弱、军费有限的不争事实和军事斗争准备的严峻形势，我军要谋划武器装备长远发展，使有限的装备建设资金投入产生应有的军事效益，防止盲目投资、重复建设和低效循环，必须树立武器装备建设的效益意识，用绩效审计的方式来监督和促进武器装备的快速发展。

一、装备经费绩效审计的必要性

（一）装备经费总量逐步增加

随着军费管理体制、职能的调整改革和武器装备发展需要，装备经费在整个军费中的比重加大，军兵种部队尤为明显。从军费的人员生活费、训练维护费和装备费三项主要构成来看，我国装备建设经费占军费的比重相对比较稳定，大体占军费的三分之一。军费规模的扩大使得更多的经费得以投入武器装备现代化建设，装备经费的使用效益问题更为突出。

（二）装备经费使用效益直接关系着战斗力的生成

装备作为战斗力系统的基本要素之一，它是战斗力构成的物质基础，直接影响并反映了战斗力的高低。在未来信息化战争的激烈角逐中，各国不仅把重点放在研制高技术装备上，而且更加强调用有限的经费投入形成最佳的战斗力。伴随着国家加大了对武器装备建设的经费投入，部队新装备比例不断提高，提高装备经费使用效益以最终形成战斗力的问题就更为突出。这是因为武器装备形成战斗力既是一个过程，也是一个结果。它需要强有力的后勤工作做保障，提高装备经费使用效益无疑是管理能力向作战能力的转化过程。开展装备经费绩效审计是实现装备经费的有效配置和合理利用，把有限的经费高效转化为军队的保障力和战斗力的有效途径。

（三）装备经费绩效审计是装备经费审计的发展方向

由于装备经费与提升部队战斗力的关系更直接，意义更重大，所以要把装备经费审计摆到十分重要的位置，突破装备经费末端使用单位查错纠弊式的微观审计模式，着眼于对装备经费全程管理的宏观审计，了解装备经费投资方向、投资规模、投资重点和投资效益等根本性、全局忙情况。

根据目前的装备经费审计新要求，必须把装备经费审计着力点从审查开支去向转化到审查投资方向上来，从经费使用向管理审计迈进，由审计预算执行过程向审计预算计划编制等决策方面发展，因此，装备经费绩效审计是提高装备经费审计层次和质量的重要突破口。

二、装备经费绩效审计具备的有利条件

1985 年，随着审计部门的恢复而建立军事装备经费审计机构，对中国军队

来说，是一项全新的事业。装备经费审计是依法对武器装备建设有关经济活动进行的经济监督，是维护装备财务法规、严格装备经济管理、提高装备经济效益的重要手段。在当前条件下，我军加快军队现代化建设步伐，面临武器装备建设力度加大与装备发展投入有限的矛盾，必须努力探索"投入少、效益高"的发展之路。为了更好地服务于军队现代化建设，装备经费审计不断地调整着自己前进的步伐，不断地探索更多的方式方法，以适应装备建设的长远发展要求。

（一）装备经费审计方式方法呈现多样化趋势

装备经费审计方式出现了从单一到多样化发展的趋势，目前主要存在以下一些审计方式：

1. 宏观调控的预警方式

在军事装备经费审计中，审计部门的重要职责之一可以用"预警"二字来概括。意为通过审计稽查，能发现装备建设中可能出现的偏差，并及时反馈给主管部门，从而提高宏观调控的军事经济效益。20世纪80年代末期，是我军装备建设上项目、上水平的又一个重要阶段，当时"你有，他有，不如自己有"的"小而全"小农经济意识，在我军的现代化建设中有不同程度的反映，军队单位容易眼睛盯着局部，热衷于搞"小而全"。军队审计部门证实重复建设的问题，提出压缩装备建设规模的建议起到了"预警"作用，避免了浪费，直接节省军费4000余万元。除了进行专项审计，审计部门还需进行装备经费预算安排审计，抓住装备经费的"龙头"，真正发挥"预警"作用。在军队审计部门的积极辅助作用下，1994年，审计装备经费总预算终于成为现实。

2. "全寿命"装备经费审计方式

"全寿命"，在装备经费审计中是一个颇具特色的名词，它是指装备从科研、试制、生产、购置、配发、补充、动用、封存、保管、维修、退役、报废等全过程。要想全部实现"全寿命"审计，确有难处。装备经费审计涉及"全寿命"管理的主要领域，唯一只有抓主要项目，实现重点突破的方式，这也成为"全寿命"装备经费审计的成功经验。

3. 装备订购价格效益审计方式

装备经费审计借鉴外军装备经费审计的有益做法，跟踪装备订购合同审计的世界新趋势，并于1994年正式启动了装备订购价格效益审计。装备经费审计以后勤装备的订购价格审计为突破口展开审计工作，为主管部门在装备订购中的标准化、制度化、规范化管理方面，提供了依据。

4. 装备效益审计方式

装备经费审计要在我军的装备建设中发挥重要作用，只有军事经济效益才是审计部门攀登的顶峰。经过多年实践，装备经费审计内容和范围有了长足发展，已突破单纯维修费审计的局限，逐步向军事装备的科研、购置、使用、储备等全过程、全方位辐射，初步形成了从科研到生产、从购置到使用、从现用到储备的完整审计链条，构建了装备经费审计体系，取得了明显的军事、政治和经济效益。

（二）装备经费审计环境正在不断优化

装备经费审计对决策机关审计、对购置和科研审计、对战备储备审计显现出的不足，一定程度上会影响装备经费审计最大效益的发挥，最终会影响武器装备建设的长期发展，降低国防安全保障系数。因此，装备经费审计总目标是要求军队审计部门为实现经济性更强、效率性更高和效果性更好的装备经济活动做好努力，以为决策者提供切实有效的决策依据。目前，装备建设正在逐步树立装备发展的绩效意识，使有限的装备建设资金投入产生应有的军事效益，防止盲目投资、重复建设和低效循环。正在强调要用绩效审计的方式来监督和促进装备的快速发展。尤其是近些年来，随着国防和军队现代化建设加速推进，我军装备建设投入不断增加，如何加强科学管理，走出一条投入较少、效益较高的装备现代化建设路子，已经是军委、总部首长十分关注的重要问题。随着广大官兵绩效意识逐步增强，绩效责任将会以法规的形式纳入考核范围，装备经费绩效审计面临的外在环境将逐渐优化。

三、装备经费绩效审计应把握的重要方面

（一）抓住主要环节，明确装备经费绩效审计内容

当前开展军事装备系统建设绩效审计，必须抓住主要矛盾和矛盾的主要方面，围绕影响军事装备系统建设管理和装备经费运行质量的关键问题，有重点地进行试审和突破，实现眼前目标与长远利益结合，事前审计与事后审计结合，预算与决算相结合。根据装备绩效的性质，装备绩效主要包括装备研制费、装备购置费和装备维修费的绩效。

1. 装备研制费绩效审计

装备研制费绩效是武器装备在科研和试制过程中军事效益与经济效益的综合体现。研制绩效包括装备研制完成情况、研制费用节约情况和研制装备合格情况等。从时间和内容上划分，科研活动可分为项目立项、项目研究和项目结束三个阶段。项目立项阶段重点是要审查科研决策是否科学，包括审查科研立项程序是否合规，审查科研目标制定是否科学，审查科研计划制订是否合理。项目研究阶段重点审查科研管理是否高效，包括审查项目执行情况，审查经费管理情况，审查组织管理情况等。项目结束阶段重点审查产出效果是否显著，包括审查项目军事效益，审查项目经济效益，审查项目技术效益。

2. 装备购置费绩效审计

装备经费绩效审计工作要抓住装备购置费环节。因为装备购置费是军队获得武器装备的必要条件，占整项武器装备采办经费的一半左右。如果把装备购置费支出分为经费投入、运用过程和产出结果三个阶段，经费投入阶段需重点审查采购决策是否科学，包括审查采购预算编制情况，审查装备采购与政策符合情况，审查承制单位的资质情况等。运用过程阶段需重点审查采购管理是否高效，包括审查预算执行效率，审查装备采购效率，审查机制运行效率等。产出结果阶段需重点审查采购效果是否显著，包括军事效益、经济效益、社会效益等。

3. 装备维修费绩效审计

装备经济活动整体效益的上升必须讲究效益，包括装备维修费效益。尽管装备维修保障处于"全寿命"周期的置后阶段。装备维修管理费绩效审计的主要内容可分为三个主要阶段，即计划方案、组织实施和装备使用阶段。

计划方案阶段重点审查经费投入是否科学，包括审查计划立项是否科学，审查经费分配是否合理等。

组织保障阶段重点审查维修保障是否高效，包括审查经费保障效率如何，具体指审查装备大、中、小修维护修理费的使用情况，维修设备购置费的使用情况，维修器材购置费的使用情况等。审查维修保障机制运行效率如何，具体指审查装备维修管理费运行机制，装备维修管理费使用机制，装备维修管理费监督机制等。

装备使用阶段重点审查维修效果是否显著，具体指审查装备维修是否实现预期军事目标，审查装备维修是否经济、节约等。

目前，装备购置费和研制费在装备经费中所占比重大，其使用是否合理，对我军战斗力的生成具有重大影响。因此，要将审计工作的重点集中于装备购置费和研制费环节，放在更新装备的经费使用问题上，剔除不合理的"附加费用"，保证经费使用既能满足装备所需，又不至于造成重复投资或资金浪费，充分挖掘装备购置和研制费审计效益的巨大潜力。

（二）确立审计目标，完善装备经费绩效审计内容

一是，确立"经济性""效率性""效果性"并重的基本目标体系。经济性是指装备经费的投入和支出，与预计经费投入和支出相比较，节约的水平和程度。有关装备效益大小的、"量"的问题进行评价，使管理者和决策者可以透过绝对量看规模效益，通过相对量看结构效益，有利于装备研制、购置、维修等环节提高效率。效率性审计主要是对投入的经费资源是否得到最优或令人满意的应用进行审查。而效果性审计就是要评价装备经济活动是否符合预期要求，利用资源的方式和手段是否有效，最终评价组织、项目或活动在多大程度上实现既定的政策、军事和经济目标。审计人员对装备效益的非量化成分和间接效益的计量问题进行"质"的评价，是在衡量效益有无的问题。

二是，做到制度审计与绩效审计相结合。以制度审计为基础的装备财务管理审计，主要注重审计两方面的内容：内控制度和资金管理情况。从审计的监督职能考虑，审计这些内容，能够及时发现和查处被审计单位装备财务管理的问题，可以有效地实现军队审计职能。但从装备经费审计的最终目标是更好地做到"装备保障有力"来看，制度基础审计还不能满足新时期军事斗争准备的需要。当前，装备经费供需矛盾突出，军队审计部门有义务为党委首长经济决策提供可靠依据，帮助被审计单位加强装备经费管理，提高经费使用效益。其装备经费管理得好坏，直接关系到武器装备战斗性能的有效发挥。这就要求审计部门在保证审计制度落实的基础上，开展装备经费绩效审计，从装备财务制度、装备经费投向投量、大项装备经费使用效益等方面提出中肯的审计意见，提高装备经费使用绩效。

（三）改变审计方法，调整装备经费绩效审计步伐

一是，要尽快制定军以下部队装备经费绩效审计评价标准用来对被审计单位装备财务管理的成绩和效果进行科学有效的评价鉴证，促使被审计单位重视装备经费管理绩效。

二是，要把发挥装备经费的最佳保障效能作为装备经费绩效审计的出发点和归宿。要把科学预算、严格执行、突出效益作为装备建设项目审计的重点，对重点项目经费使用全过程实施跟踪问效，及时查找经费使用中存在的问题，纠正偏差，确保经费使用重点不偏、保障程度不降、使用效益不差。

三是，要调整审计工作范围。首先，要将对装备系统领导干部的经济责任审计纳入制度化和规范化的轨道，从源头上防止装备经费管理的决策性失误和违规，加强对权力的制约和监督，促进领导干部廉政勤政，提高装备经费利用效率。其次，由单一的装备经费审计转变为经费、物资审计并举。要针对部队在管理上存在着的重钱轻物的倾向，对现有装备物资的使用率、使用价值和利用价值等，会同有关部门统一评估，将钱变物后物资的去向作为审计的重点。审计中，要认真核对库存物资账的对应关系，核对库存物资与账面品名、价格、数量是否相符，物资出入库是否按规定执行，物资的管理是否有专人负责。再次，要上下结合，明确相互职责。解放军审计署应侧重审计总部、军区和军兵种两级经费，对涉及覆盖面较大，分布部队较广的通用保障经费，以指导性的监督为主。如部队装备维修管理费的审计，可由军区和军兵种审计部门组织实施。

第三节 推进战备工程项目绩效审计

着眼于服务保障战斗力生成模式转变、突出加强军事斗争准备项目审计的要求，战备工程、装备经费、重点建设部队经费收支、军事训练费等都将是重点审查的范围，尤其是战备工程计划执行、建设管理和竣工决算审计更是确保如期形成战斗力、保障力，服务保障核心军事能力建设的首要任务，我们重点论述战备工程领域绩效审计的情况。

一、战备工程项目绩效审计的必要性

在战备工程建设领域中，走出传统审计的狭小空间，向绩效审计延伸，是现实背景下战备工程审计的一种最佳选择。

一是，核心军事能力建设要求战备工程绩效审计的发展。战备工程建设是当前形势下我军的一项重要任务，要更加有效地监督和规范战备工程建设项目投资行为，使有限的国防资源得到合理配置并产生最大的效益，意味着在战备工程建设领域开展绩效审计将是提上审计日程的一桩大事，是当前绩效审计工作的重要研究和实践课题。这一要求也已经很明确地体现在管理决策层的意指中。例如，解放军审计署在《军队审计建设发展"十二五"计划》中提出，军队审计部门要着力推进真实合法审计向绩效审计拓展，到 2015 年，审计署直接开展的基本建设绩效审计项目达到 80%，大单位审计部门达到 50%。在全军审计工作会议上，解放军审计署李清和审计长对 2012 年全军审计工作安排作指示时也强调，"各级审计部门要坚持军事斗争准备龙头地位不动摇，紧急围绕核心军事能力建设强化监督服务。一是更加关注重大战备工程。战备工程项目多、投入大，经费管理和建设成效如何，直接关系到军事斗争准备质量和进程。要紧紧盯住立项审批、投资控制、建设管理、竣工决算等关键环节，重点抓好"十二五"战备工程审计……"

二是，科学发展观要求战备工程绩效审计的发展。科学发展观的主要内容和根本要求就是讲究效益。随着我军现代化建设的不断发展和军事斗争准备的加快，战备工程建设规模日益加大，而军队是社会资源的纯消费者，要服从服务于国家经济建设大局，建设一支投入较少、效益较高的现代化军队，必须深入开展资源节约活动。然而，目前我军资源管理的现状是粗放型管理、成本效益观念较为淡薄。还有一些"拍脑门决策"使得一些建设项目从表面看，每笔资金都是合法合规的，但实际上资金的投入和使用并不能产生好的效果，结果与预算目标相差甚远。所以亟须采取包括绩效审计在内的各种手段加以综合解决，促进我军建设实现数量规模型向质量效能型转变。从这个意义上讲，在科学发展观的指导下，树立科学的审计观，积极推进绩效审计，有其历史的必然性和很强的现实针对性。

三是，战备工程发挥实效要有绩效审计的有力监督。战备工程建设是军事斗争准备的重要组成部分，它的建设目的在于为军队提供作战、训练的保障设施。战备工程建设项目的预期效用能否实现，建成后有没有产生应有的效益，则是考核是否发挥了实效的最好检验。财务收支审计可以监督建设过程中的工程建设质量、工期和造价与目标的实现情况，但是工程项目本身的立项是否经过严格周密的科学论证和谨慎决策，却需要绩效审计的介入。绩效审计可以促进决策者科学论证，使战备工程建设真正能够满足军事斗争准备的需要，提高战备工程从保障力向战斗力转化的程度和水平。

二、战备工程项目绩效审计的有利条件

传统的审计对战备工程建设过程中的具体经济行为能够起到较好的规范和控制作用，但对战备工程建设的决策失误、重复建设、管理不善、损失浪费、效益低下等问题却无能为力。因此，在战备工程建设领域开展绩效审计，对于提高战备工程建设资金的管理水平和投资效益具有重要意义。而且，战备工程项目开展绩效审计还具有特有的优势和条件：

一是，项目性质重要、资金规模庞大。军队作战及平时训练离不开战备工程这一重要组成部分。因为整个作战系统是由战备工程、武器装备、信息系统和兵力等共同组成的，他们之间相互支撑、相互依附、相互弥补不足才能达到作战体系整体优势，最大限度地发挥武器装备战斗力。战备工程项目一般分为总部项目和大单位项目。总部项目是一些关键性和战略性的战场项目，涉及军队建设全局；大单位项目是对总部项目的适当补充，着眼于军区单位实际，涉及部队训练、生活必需及项目配套等环节。因此，战备工程建设至关重要，战备工程项目是军队部门行为绩效的最直接体现，在一定程度上可以把对战备工程项目的审计结果作为评价军队部门绩效的主要依据。

二是，管理系统和评价标准已经相对完善。国家和军队都严格规范了战备工程建设在工程建设程序、招标投标管理、合同管理、工程监理、质量管理、工程采购、环境保护等方面的内容，在法律、法规和规章方面进行了详细的规定。同时，在定额、指标、经济分析参数、价格信息等方面的评价标准也较为完善。因此，长期以来大量开展的军队战备工程项目审计的实践经验，已经为战备工程项目绩效审计积累和奠定了良好的技术基础、评价指标等一系列应用条件。由于战备工程项目建设具有较强的规范性，经过长期积累也方便获取可以利用的效益评价标准，开展绩效审计也会相对容易。

三是，项目具有较大的增值空间。绩效审计参与到项目的全程、深入各个环节，并以提出有益建议为最高价值标准。因此，在投资决策、过程管理、造价控制等过程中，一个重要发现，一条有益的建议，都有可能给被审计对象带来比较大的增值效应。例如，投资决策上的一条建议，由于是处于项目的源头，可能涉

及整个项目的设计和框架，其增值效应无法估量；施工管理上的一条建议，则可能有效改善损失浪费现象，提高工程效率；造价控制制度上的一条建议，可能会将价格虚增倾向扼杀在摇篮里，可以节省大量资金，增值效应比较明显。

四是，战备工程项目审计已经蕴含绩效审计的成分。战备工程项目现阶段审计已经在传统财务收支审计基础上扩大范围，展开了对绩效考评的工作。为了更深入地探寻可以增加效益的环节和方面，审计工作已经更关注于揭露投资决策中的问题，将审计关口前移到项目的前期工作及招标投标和合同管理阶段；关注于建设管理中管理效率低下的问题，将审计深入至内部控制、工程监理、质量管理和工程采购环节；关注于投资效果中绩效低下问题，将审计触角深入环境保护与预算绩效目标对比中。战备工程项目建设审计在资金、管理、制度上的审查目标表明它已经更加关注结果，已经不是单纯的财务收支审计。

三、战备工程项目绩效审计的重要方面

战备工程保密性严、时限性强、科技含量高的特点表明战备工程的军事目的非常突出，所以在进行绩效审计时，要从国家的全局和军队的整体着眼，将当前作用与长远功能相结合，将军事作用与地方经济效益以及生态环境影响相结合。因而，战备工程绩效审计的范围，应当至少涵盖军事效益、经济效益和环境效益三个方面。

（一）军事效益审计方面

首先，我们应该明确军事效益是战备工程建设的主要目标，也即战备工程效果性审计的重要方面。但是，实际审查工作中没有衡量军事效益的明确标准，战备工程军事效益难以确定。这是因为战备工程建设项目的价值体现在军事活动过程中，其价值的大小需要看其在部队遂行军事任务过程中发挥的作用。因而战备工程建设本身无法体现它是否能适应军事作战的需要，它能够多大程度上对作战任务发挥保障作用，需要通过实际的军事活动来检验。然而，并不是每一项战备工程项目都有机会投入军事战斗，军事效益审计要求我们将军事效益与军事战略对接起来，通过评价战备工程可能产生的对敌直接打击能力和间接打击能力、直接威慑力和间接威慑力来确定军事效益的大小。

（二）经济效益审计方面

战备工程在建设过程中的经济效益问题，可以转化为军费的支出是否节约合

理，也即是否遵循经济性和效率性的要求。按照经济性审计要求，战备工程的经济效益审查重点是工程建设管理和竣工决算，结合具体的战备工程建设环节，工程建设管理的审查应该围绕勘察设计是否存在不周、招标投标是否公开公正、工程建设合同是否按期执行、施工组织管理是否到位、工程质量是否低下、设备材料采购是否真实进行，而竣工决算的审查应该主要是工程价款结算方法是否合理、结算审核是否严格和是否工期延长致使工程成本不合理地增加。

对经济效益的审查，除了需审查成本支出的数量，还要评价成本的合理性。合理性的审查则需将战备工程建设项目的资金支付与军队发展战略目标结合起来，围绕工程计划落实情况，军队建设管理体制和国家经济建设目标，评价战备建设过程中经费拨付的效率和战备经费的使用效益。

（三）环境效益审计方面

环境效益，是战备工程效果性审计的另一个重要方面，指战备工程对所在地区产生的自然和社会的、现时和长期的环境影响。尽管为了国防建设的需要，在战役上确需做出部分牺牲，但要将对环境的负面影响降到最低限度，把军事需求和环境需求很好地结合起来。环境效益审计以《中国人民解放军环境影响评价条例》为依据，重点是从战备工程建设项目对环境影响的角度，分析评价各项污染物治理达到条例规定标准的程度，主要包括：战备工程规划是否符合可持续发展战略需求；资源开发和战备工程的环境监管是否有效；环境保护和污染防治工作是否有效；是否将对环境的污染控制在最低限度，从而全面反映战备工程对环境治理的效果。

第四节　加大领导干部经济责任审计中的绩效审计比重

从古至今，权力腐败一直是困扰世界各国的问题。不可否认的是，对权力腐败治理的成败与否取决于司法机关、行政监察机关以及审计部门等多种监督机构共同作用的程度。但是，在这众多的权力监督机构中，审计机构对权力的制约和监督具有特殊的地位和不可替代的作用，这是由审计的本质特征和法定职责所决定的。审计的强项是经济监督，而众多的反腐败经验告诉我们，权力滥用与腐败无不与经济领域或经济利益相关。因此，审计监督在权力监督制约中具有极其特殊的功用，是经济权力安全运行的重要屏障，公众对审计也寄予了很高的期望，"审计的成果成为权力制约机制中最具工具性的权力监督因素"（刘战来，2009）。不仅如此，审计监督还具有高层次的特点，审计的制度设计中许多针对领导干部经济责任审计的"问责"和"问效"等都与其他监督不同。

一、领导干部经济责任审计与绩效审计结合的必要性

继党的十六大提出审计部门要发挥"对权力的监督和制约"作用以后，十七大报告又进一步明确运用经济责任审计进行权力监督。而在党的第十八次全国代表大会报告中再次重申，"健全权力运行制约和监督体系。坚持用制度管权管事管人，保障人民知情权、参与权、表达权、监督权，是权力正确运行的重要保证。要确保决策权、执行权、监督权既相互制约又相互协调"，并特别强调了"推行权力运行公开化、规范化，完善党务公开、政务公开、司法公开和各领域办事公开制度，健全质询、问责、经济责任审计等制度"。

（一）有利于强化对领导干部的监督

三个报告都一再强调对权力的监督和制约，反映了领导干部权力运行中的一些深层次问题仍然存在，并且仍然是应该引起足够重视的方面。报告的精神实质是要求审计部门不仅要关注财务收支活动，而且要关注权力运行活动，处理好权力和责任的关系。目前，我军正处于建立和完善军队建设的关键时期，由于相关法律制度的欠缺，再加上监督机制的不完善，党的作风建设有许多突出问题，尤其是行使经济权力上。近年来发生的几起高级领导干部损害党群关系的经济腐败大案，就说明了这一点。因此，坚持对经济权力的监督制约，是不能放松的研究课题。传统的经济责任审计已不能适应当前干部监督的需要，特别是领导干部问责制的出台，更要求审计部门从宏观政策方面，从军事经济活动的绩效方面对干部进行全面、系统的监督。绩效审计倾向于对重大军事投资项目、专项资金的分析，可以从某个角度深层次反映出领导干部驾驭经济和决策的能力，突出了审计对权力节点的控制。审计部门就绩效审计情况从宏观和全局的角度提出意见和建议，促进领导干部增强责任意识，形成正确的政绩观和发展观。

（二）有利于审计功能的发挥

审计对经济权力进行监控是全面有效履行受托经济责任的内在要求。从经济

权力监控的理论与实践发展也说明，在现代社会，经济责任审计已成为权力制衡最重要的力量之一，也是审计政治保证职能的发挥，能起到警示干部、爱护干部和保护干部的作用。

绩效审计的经济性、效率性、效果性的内涵是经济责任审计发展所需要的，使审计在查错纠弊的基础上，进一步强化了分析和预警功能。绩效审计立足制度与项目建设，使被审计单位能及时纠正决策执行中的偏差，实现审计的预防式控制，提高军队资金的配置效果，从而科学阐述和评价领导干部履行经济责任情况，并以宏观的视角为领导决策服务，充分发挥审计决策有用功能。因此，绩效审计是加强对权力的监督和制约的重要手段。从这个意义上，十八大关于健全经济责任审计制度的要求，也是对绩效审计加大在经济权力领域作用发挥的新要求。因此，贯彻落实军委、总部决策部署和构建军队惩罚防治体系目标要求，不断拓展领导干部经济责任审计工作的深度和广度，将绩效审计融入经济责任审计工作中，是对管理者职权与职责的制度化保证。

（三）能够丰富和深化经济责任审计内容

领导干部经济责任审计需要将财务收支活动人性化，由事引申到对人在其中所起作用及应承担责任的评价。所以，领导干部经济责任审计不仅要对经济活动的真实性、合法性进行监督、鉴证，还要突出对各项资金的管理和使用情况以及投资项目的合理性、效益性进行审计。重点关注组织管理的合理性、工作管理的效率性、决策管理的效果性和项目管理的经济性，将干部政绩量化，将领导干部经济责任细化。

（四）能够促进和完善经济责任审计评价

综合分析、全面评价被审计领导干部履行经济责任情况要突出"四个重点"，即：围绕重大经济决策的全过程，突出决策程序的执行过程和结果的重点，作出决策绩效评价；围绕资金流转过程，突出资金的核算、管理、使用的重点，作出资金管理使用绩效评价；以内部管理状况为基础，突出内部控制制度执行情况的重点，正确评价其对绩效水平的影响；以被审计领导干部任职期间所在单位的经营发展和事业发展状况为基础，突出对总体绩效的评价。只有把绩效审计完全融进经济责任审计中，才能满足经济责任审计评价的需要，逐步完善评价标准。

二、领导干部经济责任审计与绩效审计结合的有利条件

（一）积累了较为丰富的领导干部经济责任审计经验

军队领导干部经济责任审计工作，自 1988 年从沈阳军区逐步开展起来并逐步向全军推广。至今，军队审计部门的经济责任审计工作量不断增加，经济责任审计已成为审计机关的主要工作之一。军队审计部门通过积极稳妥地开展军队领导干部经济责任审计，摸索了不少成功经验。主要包括：领导干部经济责任审计要坚持党委统一领导，严格执行法定的审计程序，还要协调好相关部门、单位之间的关系，而客观公正的审计评价是搞好领导干部经济责任审计工作的关键。这些经验对于深化领导干部经济责任审计工作提供了实践前提。

（二）领导干部经济责任审计仍在不断推进

在领导干部经济责任审计的初级发展阶段。1993 年中央军委第一次提出，"审计部门要实施对领导干部经济责任审计、增强军政主官当家理财的责任心"；1994 年中央军委 4 号文件《关于加强军队审计工作的意见》明确指出，将领导干部经济责任审计确立为一项制度，并规定审计结果作为考核各级领导干部的重要依据。

在领导干部经济责任审计的全面发展阶段。以《军队领导干部经济责任审计暂行规定》为标志，军队领导干部经济责任审计在全军全面展开。1995 颁发的《中国人民解放军审计条例》明确规定："审计部门对本级各部门和下级单位承担经济责任的领导干部，在任职期间履行职责的情况，进行审计监督。" 2002 年颁发的《现役军官职务任免条例》中又明确规定："考核承担经济责任的军官，如一年内未对其进行经济责任审计，或者在经济方面有反映的，应当由审计部门进行审计。" 2004 年颁发的《军队领导干部经济责任审计规定》和《军队领导干部经济责任审计评价标准（试行）》，使领导干部经济责任审计得到进一步规范，并已经成为干部管理中的一项重要制度。而在党的第十八次全国代表大会报告中特别强调"推行权力运行公开化、规范化，……健全质询、问责、经济责任审计等制度"又对军队审计深化领导干部经济责任审计工作方面提出了更高要求。

（三）领导干部经济责任审计行为正在成为一种自觉行为

军队领导干部经济责任审计的自觉行为表现为各级领导干部和审计人员两个方面都自觉地增强了审计意识，自觉地接受审计监督或履行审计任务。

一是领导干部能自觉接受经济责任审计。领导干部经济责任审计全面展开的这么多年来，通过举办经济责任审计法规培训班、以会代训、开展专题研讨、加强宣传等形式，强化了经济责任审计的重要性和必要性认识，各级领导干部已经能自觉地了解、熟悉经济责任审计，并带头接受经济责任审计。

二是审计人员能自觉实施经济责任审计。各级审计部门和审计人员通过加强对经济责任审计的认识，认清了经济责任审计的职能和特征；确立了为部队秉公审计的观念，坚持原则，认真履行审计职能，并能根据军队中心工作和全局需要主动审计，并提出相应的建议，以更好地发挥经济责任审计的效用。

三、领导干部经济责任审计与绩效审计结合的切入点

经济责任审计是一项具有中国特色的经济监督制度，是现代审计制度在中国的一种创新。国外并没有经济责任审计这种审计类型，与经济责任审计内容相近的是我国称为的"绩效审计"。但是经济责任审计又不同于"绩效审计"，"绩效审计"的对象是"事"，不针对"人"；而经济责任审计对事又对人，而落脚点是对"人"作出评价。经济责任审计的内容是包括财务收支审计、财经法纪审计、绩效审计的综合。围绕规范权力运行强化审计监督，为提高军队领导干部科学决策、科学管理水平和规范用权、廉洁用权发挥积极作用，我们必须探索规律、创新发展。说到底，军队领导干部经济责任审计中的绩效审计主要有三个目标：一是效益，即经济性，就是以少的投入取得好的经济效果；二是效率，就是军队资源投入和产出之间比例要合理；三是效果，就是领导的决策行为最后要产生一个好的结果。针对这三个目标，我们可以准确把握绩效审计与领导干部经济责任审计的接触点。

（一）围绕拓展和深化军事斗争准备展开

随着军事斗争准备投入的加大，各级领导干部作为组织者和实施者，担负的经济责任越来越重。审计要加强对重要权力运行过程的跟踪审计监督，对关系到军事斗争准备任务的重要权力的运行进行审计监督，把承担军事斗争准备专项任务的领导干部作为重点的审计对象，对权力运行全过程实施紧密监督，从决策、执行、结果方面进行全方位监督，对权力运行环境、标准、效果进行及时评估与反馈。把专项预算、计划执行和建设成效作为重点审计内容，注重发现重大经济活动、重大紧急决策、重大资金运用、重大建设项目等过程中的越权、滥权等违

法乱纪行为，揭露权力腐败形成的内部和外部成因，及时纠正，保证权力运行的健康。

（二）围绕深化军事经济改革任务展开

近年来，军委总部先后推行了一系列军事经济改革举措，但随着改革的深化，也出现了一些新矛盾和新难题。加强对军事经济改革任务实施的审计监督，为改革与军事经济建设保驾护航，领导干部经济责任审计就要围绕大项工程建设、装备维修、大宗物资器材采购等内容开展工作，检查军队单位改革方案设计的科学性、改革部署的完整性，改革实施的严密性，分析改革的成败得失。及时发现问题，揭示原因，探索规律，拿出对策，当好参谋，促进各军队单位科学设计改革目标，减少盲干，杜绝形式主义、政绩工程现象，为深化军事经济改革，推进军队职能转变，发挥维护、保障和平衡作用。

审计署前审计长李金华曾经指出，"决策的不周到，管理的松懈，往往造成资源、资金、人力浪费，传统的财务收支审计往往解决不了这个问题。如果是绩效审计，尽管没有违反规定，但取得的效果不好，我们也会建议上级对领导干部的行为进行干预"。从审计的决策有用性上来看。由于有限的审计力量和技术，领导干部经济责任审计必须突出重点。在这里，我们对经济责任的理解不能局限于经济事项的真实性、合法性。对于领导决策者而言，应认识到科学决策的重要性，如果决策失误，造成一系列后续工作出现问题，由此产生的连带损失可能会比一般意义上贪污违纪行为更加严重。因此，绩效审计与经济责任审计相结合，对规划计划、研究论证、程序履行、内控制度实行效果审计，将决策效益的评价贯穿始终，并列为经济责任的一项关键内容，可为领导层科学决策提供参考，防止因决策失误带来的重大损失浪费。

（三）围绕加强军事经济管理工作展开

军事经济管理科学化是一项持续性、经常性的工作，审计监督要适应经济管理发展进程，突出监督重点。从审计的监控预防作用看，要实施审计关口前移，实行事后、事中审计与事前审计监督相结合。将原先的以离任经济责任审计为主转到以任中经济责任审计为主，加强对重点权力部门和执权者在职期间的审计监督，防止超计划、超标准、超规模、超功能上项目，下大力监督军用土地转让、空余房地产租赁、物资、有偿服务等规范管理，防止资产流失，确保资产最大限度地保值和增值，通过发挥审计的及时防范作用，把宏观统控和微观管控有机地结合起来，提高军事经济管理科学化、制度化水平 。从审计建设性作用上来看，审计要发现制度上的缺陷和管理上的漏洞，对普遍性问题提出完善制度的意见，对倾向性问题提出建设性的建议，促使政策制度更完善、管理更规范，为领导干部管好资源出主意、尽好责，避免军队的经济损失。

本章小结

　　本章是军队绩效审计推广应用基本途径的具体化，着重论述军队绩效审计推广应用需要科学选择重点领域进行试点先行。提出要对军队绩效预算改革项目实施绩效审计、推行装备经费绩效审计、推进战备工程项目绩效审计和加大领导干部经济责任审计中的绩效审计比重四个方面重点展开军队绩效审计工作。军队绩效审计实践还处于起步阶段，军队发展绩效审计的任务还很艰巨，绩效审计从推行到成熟必然要经历一个较长的发展过程。军队审计部门必须认清要分阶段发展绩效审计的形势，选择重点领域和重要项目作为重要抓手，扩大绩效审计的影响力，提升军队绩效审计地位。

第六章　构建科学的军队绩效审计评价体系

　　军队绩效审计对象千差万别，如何作出正确客观的审计评价，是军队绩效审计工作的一个核心问题。那么，军队绩效审计评价体系对于开展绩效审计工作则是必不可少的工具，而如何建立一个具有高度适用性、科学合理的绩效审计评价指标体系确实是当前审计工作的重点，也是军队绩效审计推广应用过程中必须解决的主要矛盾。我们需要做出一些智力投资，使评价体系用于军队绩效审计工作时能被充分地理解和接受。由于审计对象、审计环境总是在不断变化，绩效审计评价指标的内容也就会随之变化。因此，我们必须用动态发展的思维来对待绩效审计评价，获得构建军队绩效审计评价指标体系的有效方法和模式，而不是仅限于构建一个静止的、不能快速反应的评价指标体系。

　　通过了解军队绩效审计评价体系的特征，要设计出一套能发现问题、解决问题、又提升绩效的审计评价体系，需要从战略、系统论和机制设计理论出发，选择好评价体系的设计"维度"，以获得有利于构建一个科学合理的军队绩效审计评价体系的方法。

第一节　构建军队绩效审计评价体系应注意的问题

　　绩效审计评价融合了很多管理学的思维。瑞典管理学家埃里克·肖斯特兰指出，管理学中充满"雅努斯效应"，即双面性，到处充斥"进退维谷"的两难选择。同样，绩效审计评价也具有很强的"双刃剑"效应，如果驾驭不当，可能会伤害被审计单位或项目的绩效，成为束缚被审计单位发展和项目进展的绊脚石，更谈不上绩效审计评价是改进绩效的战略执行工具了。因此，军队绩效审计实践的焦点在于如何设计一套合理的评价体系，既满足军事部门为适应支持环境的变化，保持柔性、灵活性和快速反应能力的要求；又满足为了便于控制和评价审计对象，保持一定稳定性的要求。

一、避免照抄照搬、盲目模仿

绩效审计评价体系必须充分考虑被审计单位的特点、目标规划以及审计人员知识、技能、能力大小等。不顾客观实际，盲目模仿或沿用其他单位或行业的评价体系只能导致水土不服。一套评价体系可能帮助被审计单位创造价值，但却不一定能帮助另一个被审计单位创造价值。绩效审计评价中没有"最佳的"评价体系，只有"最契合"的评价实践。只有对被审计单位的类别、现状、战略规划和管理目标等进行充分的诊断，才能对症下药，找到评价被审计单位或项目绩效问题的妙方。

二、避免片面追求评价指标量化

绩效审计评价的指标最好是可量化的，才能避免评价者主观的偏差。量化工具的使用可以实现比较精确的评价，不断追求各种指标如何量化，大目标分解成小目标，以金字塔的形式，不断细化分解各项指标，落实到执行层面时，就会有几十个指标，从指标体系上来看，感觉非常清晰和完整。这本是好事，然而却容易走入评价的另一个极端。实际上，并非一切绩效审计衡量指标都需要量化，一切都要评价的想法只是一种不切实际的理想化。一味追求评价指标量化暴露了审计人员不愿直面被审计单位，回避非量化指标的不易判断性，尤其是绩效不佳的单位提出反馈意见时，更是在考验审计人员的判断能力。殊不知，绩效审计评价的最根本目标是不断提高被审计对象的绩效，为被审计单位创造价值；忽略绩效评价中的反馈环节，把绩效审计评价静止化对待的思维和实践，是一种为评价而评价的行为，与绩效审计的增值功能不相吻合。

三、避免整体设计思路不清晰

绩效审计评价系统普遍容易出现设计缺乏层次和系统观，忽视了项目类型和任务结构等情境变量的差异性，倾向于建立正规化程度高的绩效审计评价系统的问题。正规化固然给审计人员套标准、作评价提供相当的便利，但刚性化的体系设计缺乏弹性的应对空间，无法应变不确定性情况，还可能诱导并驱使被审计单位"一切看指标"，并可能导致"种瓜得豆"结果的出现。

四、避免设计维度有失偏颇

如果不了解绩效审计评价的有效性与评价体系设计维度内在联系，就开始盲目地构建评价指标体系，就好比游离在现实世界的边缘，审计人员不可能很好地把握住审计对象问题的本质所在，也不可能作出客观公正的评价，更不可能提出有价值的建议而成为被审计单位或项目的绩效决策和绩效变革的推动者了。因此，分析论证设计维度与绩效改进的关系，可以避免设计的指标与绩效目标相偏离，也是构建一个科学合理的评价体系的重要基础。

第二节　构建军队绩效审计评价体系的方法

一、基于设计维度与绩效改进关系的方法

传统的绩效审计评价系统倾向于把重点放在测量方面，但是任何测量工具或评价形式对评价结果仅存在有限的影响。绩效审计评价方法和技术的改进，可能对得到有效评价结果和提出审计建议有一定帮助，会让被审计单位或审计项目的绩效得到暂时改进，但是深层次的、持续性的绩效改善还是取决于内在驱动性因素。因此，军队审计部门在设计绩效审计评价体系时，要从根本上揭示军队绩效审计评价体系的内在驱动力，帮助审计人员更加深刻地了解绩效的本质内涵，最终提出适用于被审计单位和审计项目绩效改进的方案。

二、设计维度与绩效改进的关系模型

军队绩效审计评价体系设计的维度要能反映目标设置、感知公平、绩效控制程度以及层级化要求。因此，系统地设计具备良好适应性的军队绩效审计评价体系需要研究设计维度与绩效改进的关系（见图 6 - 1）。包括：（1）正规化维度。用来描述评价体系构成要素详尽说明的程度、可用于精确评价的程度，以及要素

约束审计对象行为的程度。(2)过程公平维度。用来描述评价过程形式正当的程度、互动建设性的程度，以及结果合理性的程度。(3)目标设置维度。指在绩效审计评价中设定的具体目标是否能够使审计对象的行为更加集中，根据目标难度，被审计对象有调整行为的余地。(4)层次性维度。指根据不同来源的评价信息，对职责和目标进行分解而建立层次分明的绩效审计评价系统。

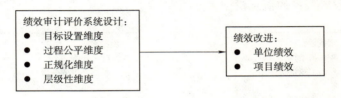

图 6 - 1　军队绩效审计评价系统设计与绩效改进的关系

（一）概念模型的建立

1. 自变量

本研究的自变量是军队绩效审计评价体系设计。根据绩效审计评价体系设计所要考虑的主要因素，评价系统包含目标设置维度、过程公平维度、正规程度维度和层级结构维度四个主要维度。

2. 因变量

相对被审计单位的绩效，审计项目绩效研究较为成熟。因此，本研究选取审计项目绩效作为因变量。

3. 研究的期望结果

一是检验本文选取的军队绩效审计评价体系设计的四个维度是否能有效预测审计项目绩效改进。如果存在明显的改进，则说明通过有效的绩效审计评价体系设计有助于改善审计项目绩效；如果没有显著的预测力，说明二者之间没有直接的关系。

二是用灰色关联度分析法检验实证结论是否与理论模型推演结果吻合。如果结果吻合，说明理论模型推演结果具一定参考价值；否则，说明理论模型推演结论可能与事实存在偏差，或者是所使用的模型并不适用于检验该结论。

（二）概念模型中几组关系的解释

1. 评价体系的目标设置维度与项目绩效改进的关系

有一个著名的观点是这样说的：管理者对下属的期望决定了下属的绩效。应用到军队绩效审计评价中就是设置富有挑战性的目标可使被审计单位获得高的期望。而目标本身就具有激励作用，能把人的需要转变为工作努力的动机，并对照自己的行为结果与既定的目标之间的差距，及时进行调整和修正，从而实现目标。然而，目标认同、反馈、满意感等重要的因素也对目标和绩效改进之间的关系起调节作用，这些调节因素也是可以利用的。我们可以构建一个可以调节目标水平和绩效改进关系的概念模型，如图 6 - 2 所示。

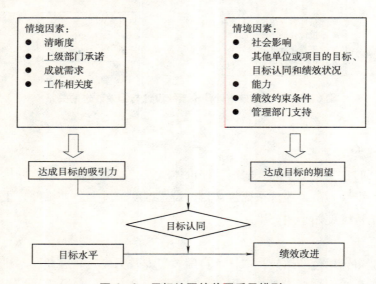

图 6 - 2　目标认同的前因后果模型

该模型认为达成目标的吸引力和实现目标的期望共同决定了目标认同。通过该模型可以得出以下结论：对于容易达到的目标，容易获得认同感；对不容易达到的目标，可能不容易得到评价对象的承诺，但是只要付出额外努力，实现有难度的目标也是可能的，只是存在一定的风险。因此，要想通过设置较高难度的目标来实现提高绩效的预期效果，获得目标认同显得尤为重要。

无论是目标设置理论，还是调节目标水平和绩效改进关系的概念模型，都说明了评价目标设置的重要性。军队绩效审计评价体系设计也能够吸收这一理念，一方面是评价体系设计时，审计项目具体评价目标要表达对项目绩效的期望；一方面，也要有吸引被审计项目单位达成目标的动力，才能认同评价目标，最终才能认可审计单位提出的建议，而愿意改善绩效。

2. 评价体系的过程公平维度与项目绩效改进的关系

通常，我们判断绩效审计评价过程是否适当，会用到效度、信度、实用性和无偏见四个标准。正当过程对于评价结果公正具有重要意义，却往往最容易被忽视。可是，绩效审计评价的公正会直接影响到被审计项目单位的态度、行为，绩效审计评价的成功依赖于被审计项目单位的公平知觉和对评价程序中重要因素的反应。因此，军队绩效审计评价体系还应建立在另一个标准上，这就是公正原则。

程序公平影响被审计项目单位对评价结果的满意度以及对评价结果的接纳程度，被审计项目单位的评价公平感知能通过责任感机制对审计项目绩效改进产生影响。一些实证结论支持了上述观点。基于"个体偏爱控制，而不愿消极接受决策程序"的控制理论假设，要获得很高的程序公平感，被评价对象必须想成为绩效审计评价过程中受尊重和举足轻重的一员，并能感受到自己的价值能为绩效审计所接纳。

因而，军队审计单位在执行绩效审计评价工作时不要有凌驾于被审计项目单位之上的感觉，武断地作出判断或不尊重审计项目单位的意见及相关单位的意见，否则，只会令审计项目单位消极接受控制决策程序，程序公平感自然会很低。

3. 评价体系的正规化维度与项目绩效改进的关系

评价是组织控制意愿的体现。管理部门依靠规则和程序评价被审计项目单位的行为和经济活动产生结果的效度，是通过一定的控制过程来完成的，该控制过程由审计单位来执行，就是审计经济控制功能的发挥。审计单位对审计对象的控制程度又被称为控制的正规化程度。由于评价体系的精确程度与正规化程度是成正比的，评价标准、评价指标、评价程序则可以描述系统构成要素的详细程度，同时反映绩效审计评价体系的正规化程度。

绩效审计评价体系正规化设计是否恰当，会影响被审计项目单位的行为。例如，评价标准是被审计单位行为的指导方向。如果评价标准模糊不清，会误导被审计单位为了少付出努力而按照评价标准的下限来调节自身行为。然而，绩效审计评价标准过于严格也会抑制被审计项目单位的创造性，形成突击行为，短期行为泛滥，影响长期效果。

以上分析说明，设计军队绩效审计评价体系时，正规化维度非常重要，直接对被审计项目单位绩效行为和结果产生深刻影响。研究军队绩效审计评价体系正规化维度的意义在于：针对军队项目的军事性效益要求，军队审计部门在设计评价体系时，定量指标要尽量精确明晰，但也必须考虑特定的军事经济活动环境，根据被审计单位战略要求和审计项目的类型、结构和特点，权变地把握评价中的控制程度。

4. 评价体系的层次性维度与项目绩效改进的关系

管理者的管理不是在真空中，评价方法必须能驾驭组织或部门功能之间的交叉重叠。军事组织系统也是多维的，组织内部横向和纵向结构关系形成了组织的层级结构和战略结构关系。与此相对应，军队绩效审计评价体系也应该是一个分层结构。考虑不同的绩效层次关系，我们可以建立军队绩效审计评价体系分层结构模型，如图 6-3 所示。

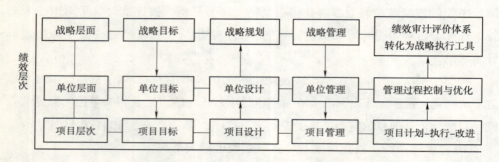

图 6-3 绩效层次及军队绩效审计评价体系的分层结构模型

军队绩效审计评价从根本上说是为了军事资源能产生最大的效益，而军事资源效益的实现是由军事投资战略目标驱动而实现的，军事投资战略目标又是由被审计单位或审计项目绩效目标所驱动。只有基于目标分解建立多层次的绩效审计评价体系，才能对被审计单位或项目完成目标情况进行追踪考评。同时，通过分层设计，不仅有助于过滤掉不同情境因素对评价结果的影响，增强被审计单位评价的公平感，还有助于被审计单位或审计项目明确职责和目标，通过建立横向的联结关系增强单位与项目之间的协调性。

三、模型中的基本假设

（一）军队绩效审计评价体系目标设置维度与项目绩效改进的关系假设

目标分为"分配目标"和"参与目标"两种，分配目标是不能讨价还价，必须达成的目标；分配的目标只要能被接受，即使难度增加，目标实现的机会也会很大。而参与目标的设置，就可以发表意见，共同探讨，以提高目标水平，最终改善绩效。

评价中的目标设置或者目标导向问题一直是个饱受争议的话题。因为在目标设置与绩效之间还存在着一些变量，如目标认同、反馈、满意感等对目标和绩效改进之间的关系起调节作用。首先，有明确难度的目标会导致高的绩效并不总是出现；其次，目标难度效应总是有条件的，或伴随着其他变量出现；最后，在目标设置过程中，当其他一些关键变量，例如，权力、金钱、职位等利益的刺激，审计项目的差异扮演角色时，目标难度效应的结果是高度不一致的。事实上，控制有效性无法由人来决定，所以不能由人来控制，而应该把人的主观愿望客观化，也即由具体指标来控制。

综合上述研究，我们认为，军队绩效审计评价体系中的目标设置要尽量使用定量的指标目标，但指标实现的难易度也是分情况的：在强调以目标为导向的项目中，绩效高低与目标达成率的高低直接关联。同时，本次的目标实际完成情况对以后的绩效审计评价标准的设定有影响。意识到这种情况，被审计单位会降低努力程度，使目标达成率保持在一个相对低的位置，进而降低绩效。所以，通过调整目标的难度似乎也不一定能够实现理想的绩效期望。基于此，本文给出如下假设：

假设1：军队绩效审计评价的目标设置与项目绩效改进的关系存在不定性。

（二）军队绩效审计评价系统过程公平维度与项目绩效改进的关系假设

评价的公正性会直接影响被审计项目单位的态度、行为，评价体系的成功依赖于被评价者的公平感知和对评价程序的反应。因此，军队审计部门在设计绩效审计评价体系时，必须在形式正当性、互动建设性以及结果合理性方面统筹兼顾，不可偏废，把评价程序与评价的公平过程有机耦合起来。公平维度在军队绩效审计评价实践中的具体应用情况如图6-4所示。

图左边描述的是军队绩效审计评价流程，包括系统设计、制订绩效审计评价计划、绩效评价沟通与建议、绩效审计评价、对绩效评价的反馈和评价结果应用。图右边代表了军队绩效审计评价中应该注意的公平类型，分别是系统程序公平、政策公平、评价人员程序公平、互动公平和结果公平。

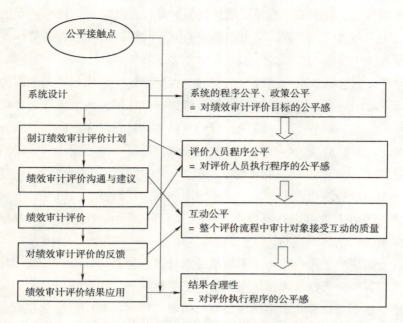

图 6 – 4　公平性军队绩效审计评价系统模式

　　尽管"结果为本"的思维会重实质（结果）公平而轻程序公平，但是人们对公平的认知已越来越不再限于结果公平，审计对象会较以前更加关注审计部门制定的政策公平与否，他们有更强烈的知情权诉求和参与愿望，受到在绩效审计评价过程中的互动建设性、形式正当性以及结果合理性感知的影响也会越来越大。因此，本文提出如下假设：

　　假设 2：军队绩效审计评价的程序公平维度与项目绩效改进关系复杂；但结果公平维度与审计项目绩效改进呈正相关。

　　（三）军队绩效审计评价体系正规化维度与项目绩效改进的关系假设

　　绩效审计评价正规化程度涉及审计部门对审计对象的控制程度。绩效审计评价的"双刃剑效应"往往与此密切相关。根据哈克曼和奥尔德姆的观点可推论，项目的程序化程度与绩效审计评价体系正规化程度的交互作用对绩效改进起到显著的正向调节作用。我们把二者交互作用对绩效改进的影响总结在图6 – 5中。

　　图 6 – 5 说明，只有当审计对象是程序化程度高的项目时，采取正规化程度较高的绩效审计评价模式在评价中加强绩效审计控制和指导，才会达成高的项目绩效。该推理适用于军队绩效审计评价的理由有二：其一，军队单位大多谨慎行

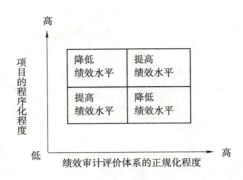

图 6 - 5　绩效审计评价正规化与任务程序化的交互作用对项目绩效的影响

事，在既定的制度规范下从事程序化工作，不愿意承担更多的风险和责任。其二，由于不同的被审计项目具有不同的项目结构特征，对绩效审计控制的要求也是不一样的。军队单位或军队项目往往面对不太要求创新、但要求高质量标准，而且自主程度不高的任务结构，严格的考核和绩效审计评价对增强工作责任心及工作应对能力是有必要的。因而，本文给出如下假设：

假设3：军队绩效审计评价体系的正规化程度与项目绩效改进为正相关关系。

（四）军队绩效审计评价体系层次性维度与项目绩效改进的关系假设

通过对评价体系的分层设计，可以系统地把军队绩效审计评价与审计项目流程以及军事战略结合起来，强调宏观与微观效益的结合。在保障整体效益最优的前提下，针对不同军队单位、不同军事项目来设计军队绩效审计评价体系，评价需要消除环境因素带来的偏差，使用绝对与相对的结合，使审计项目的局部效益也达到最优。

另外，军队部门与地方政府部门之间的联系和合作逐渐增强，地方政府部门的行为也会更多地影响军队单位的绩效。因此，分层结构有利于在不同利益主体之间搭建沟通的桥梁，以协调审计项目的管理。先按层次设定审计项目整体目标和分项目标，根据项目目标完成的相对情况评价部门在项目整体中的贡献与失误，从而增强审计项目单位在评价中的公平感知和对绩效审计评价结果的满意度。

在军队项目价值创造过程中，指标之间的相互关联和协同关系以及军队绩效审计目标与审计过程的因果回馈关系，使得必须通过分层结构设计动态地掌握有着逻辑关联的绩效评价指标之间的因果关系，以便直观地反映被审计项目单位的战略意图。基于此，本文假定：

假设4：军队绩效审计评价体系的层次性维度与审计项目绩效存在正相关关系。

四、实证研究设计

（一）变量的操作定义与测量

本研究的自变量是军队绩效审计评价体系，也可称为军队绩效审计评价系统。系统的设计包含目标设置维度、程序公平维度、正规化维度和层次性维度四个方面。基于系统地研究绩效审计评价系统与项目绩效改进关系的实证文献尚没有出现，本文依据相关研究结论，自行编撰了系统设计量表（见附录1）。

1. 目标设置

目标设置分为被审计项目复杂性和目标明确性两个维度。军队审计部门在设计评价目标时，既要考虑目标项目属性及由此形成的期望，还要考虑设定的目标可能引发的审计对象的积极行为和回避行为。

因此，目标设置包括明晰性、挑战性、趋近 – 回避导向三个结构维度。

2. 过程公平

审计对象公平感知到底由几个维度构成，维度间的关系如何，这些问题不但涉及公平结构的问题，还直接关系到采用何种测量方法以及公平与项目绩效改进的关系问题。

从军队绩效审计评价的过程来看，公平性涉及三个因素：一是制度层面因素；二是评价的执行层面因素；三是评价结果层面因素。基于此，本研究在给变量进行定义时，使用过程公平代表绩效审计评价中的审计对象公平感知。因为过程公平这个概念能涵盖制度层面和执行层面的程序公平以及结果公平。形式正当性、互动建设性以及结果合理性的程度都可以体现绩效审计评价的过程公平。

本文对形式正当性、互动建设性的测量用了七个项目，分别是：评价人员听取被审计项目单位意见；评价人员会将评价结果与被审计项目单位沟通；评价人员与被审计项目单位一起分析绩效差距；被审计项目单位可以提出异议和改变评价结果；评价人员熟悉被审计单位及审计项目的内容；评价标准被一致性地应用。另外，考虑到评价的公平性很大程度上取决于评价人员主观判断的准确性和无偏性，因此，在量表中又增加了一个项目——"军队审计部门专门对评价人员进行评价标准、程序和方法的培训"。

本文对结果公平测量，使用了两个项目，"军队绩效审计评价结果反映了审计部门对审计对象的期望和职责的要求"和"评价结果如实反映了审计对象的工作成果"。考虑到军队绩效审计评价结果对军队预算的决策有用作用，增加了一个项目——"绩效审计评价结果对军队预算经费调整有一定影响"。

3. 正规化程度

正规化程度是指军队绩效审计评价的构成要素的详尽说明程度、可精确化程度以及对审计对象的约束程度。

正规化包括评价程序和评价执行的正规化。评价程序正规化是通过评价标准和工作指导说明等形式说明评价体系构成要素的程度，包括的评价标准有绩效目标、绩效标准、工作程序和绩效评价结果应用等方面的规定。评价执行正规化注重精确化程度，测量对象主要是看这些指标：审计评价结果等级与绩效目标的实现程度挂钩；评价要求用指标来定量化和精确化；分析和评价被审计单位或项目的需求；使用长期的衡量标准。

4. 层次性程度

将可以用来评价的信息来源以及被审计项目职责和目标进行分解，就可以划分为评价源的层次性、评价对象的层次性和评价模式的层次性。

评价对象的层次性就是将经济层次的绩效审计评价、效率层次的绩效审计评价与效果层次的绩效审计评价三者合为一体，共同驱动被审计项目整体绩效水平的提高。包括项目有"评价是否考虑审计对象的特殊性""评价是否兼顾了审计对象的利益、军事利益和社会利益"。

评价源的层次性是指形成一个多层次的评价信息来源，除了财务部门，还包括诸如纪检部门、施工单位、供应商、地方政府部门等信息资源，以降低评价偏差。测量项目主要为"参与评价的主体多元"。评价模式的层次性的测量项目包括"定量指标和定性指标结合""行为指标与结果指标兼顾"，这些项目表明评价方法选择的多样性。

（二）因变量的操作定义及测量

本文定义的绩效改进是指被审计单位或被审计项目通过军队绩效审计评价体系所产生的内在驱动力，从审计评价结果、审计评价建议而引致的与实现军事项目战略目标相关联的一种行为及产出。

本研究采取二维分类，把被审计项目的绩效改进分为任务绩效改进和关系绩效改进两类。任务绩效改进采用的项目有经济、效率、效果、解决问题的能力几个基本方面；关系绩效改进的测量项目包括工作热情，严格执行规章制度，履行、支持和维护绩效目标。

（三）变量的定义及总结

综上所述，变量的定义及总结如表 6 - 1 所示。附录 2 的问卷中，1 代表对表述结果完全不支持（或从不这样），2 代表比较不支持（或基本没有），3 代表不确定，4 代表基本支持（或有时如此），5 代表完全支持（或经常如此）。

表 6 - 1　变量的操作化定义

构面	子构面	说明	题项数	参考资料
军队绩效审计评价体系设计	目标设置	在军队绩效审计评价中设定具体目标，使审计对象根据目标调整自己的行为	5 项	根据克莱因等人；埃利奥特和麦格雷戈；刘莉等整理
	过程公平	军队绩效审计评价过程具备形式正当性、互动建设性以及结果合理性的程度	10 项	根据莱文瑟尔、卡卢萨和弗莱；尼霍夫和穆尔曼；埃尔多安等整理
	正规程度	军队绩效审计评价构成要素的详尽说明程度、可精确化评价的程度，以及体现出来对审计对象行为的约束程度	10 项	根据理查德·豪尔；哈伦和拉乌整理
	层次结构	基于评价信息来源以及职责和目标分解而建立的多层次绩效审计评价体系	5 项	根据威廉姆斯；罗梅尔和布拉切整理
项目绩效改进	任务绩效改进	直接或间接指向任务的行为和结果	4 项	根据张一驰等；徐淑英、皮尔斯、波特整理
	关系绩效改进	能够增强审计对象效能的行动	3 项	根据张一驰等；威廉姆斯和安德森整理

（四）研究方法和工具

本研究的主要方法包括变量的探索性因子分析，验证性因子分析和灰色关联度分析方法。

1. 探索性因子分析和验证性因子分析

因子分析主要有两种基本形式：探索性因子分析和验证性因子分析。探索性因子分析是事先不知道影响因素，依据资料中数据，利用统计软件进行因子分析，得出因子的过程。验证性因子分析具有已知影响因素，可以利用先验信息，检验所搜集的数据资料是否按预定的结构方式产生作用。

2. 灰色关联度分析法

本文假设检验主要采取灰色关联度分析法来研究军队绩效审计评价体系的多种作用因素中，哪些是主要因素，哪些是次要因素。

传统的检验方法有数理统计中的回归分析、方差分析、主要成分分析等，在这里应用的话，可能不太适合。然而，灰色关联度分析法是对付传统检验方法要求大量的数据、样本要求高、计算量大等情况的一服良药，它是灰色系统理论的最基本的方法，主要用于判断一个由众多因素构成的系统中哪些因素对系统影响大、中或小？它的基本思想是根据序列曲线几何形状的相似程度来判断其联系是否紧密。一般情况下，序列曲线越接近，相应序列之间的关联度就越大，反之则越小。

3. 研究阶段及数据的采集

实证研究主要按照量表设计、量表测试、问卷调查、资料建立和灰色关联度分析等五个步骤开展。具体流程如图 6 - 6 所示。

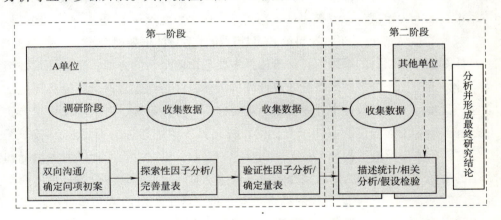

图 6 - 6　实证研究中数据的采集

第一阶段是采用探索性因子分析法进行研究量表的设计。根据前文对军队绩效审计评价体系设计维度与项目绩效改进关系的分析，在第一阶段，从评价体系的目标设置、过程公平、正规化和层次性四个方面选择问项和量表设计。

第二阶段是假设检验，主要采用灰色关联度分析法对相关假设进行检验。这一阶段的研究力求数据来源真实。因此，本阶段要向军队的多个审计部门发放问卷，并进行回收，获得资料和建立数据（问卷具体问项，见附录2）。

4. 项目个案的探索性调查

第一阶段研究——量表设计阶段。

（1）调查的总体设计

在初期先对被审计项目进行个别调研。调研对象为军队A单位某工程项目绩效审计评价体系情况。之所以选择军队工程项目的评价情况作为调研对象是基于如下考虑：

首先，军队工程项目关乎权力的制约和监督，包括决策权、审批权、监管权、建设资金支配权等，军队绩效审计作为一个非常重要的权力监督控制手段需要关注这个领域，所以军队审计部门对军队工程项目的绩效评价会有比较翔实的评价和控制制度；其次，军队工程项目产生的效益影响层次众多，除了项目的军事性效益、经济性效益，还会产生社会效益、环境效益等，因此对不同利益主体间协同工作要求较高，有利于本文研究军队绩效审计评价体系的层次设计维度的探讨。

本研究在调研之前需要拟订调研提纲，提纲内容主要涉及军队绩效审计评价体系设计的四个维度，以及被审计项目任务程序化程度等相关项目。

（2）军队A单位某工程项目绩效审计评价体系总体框架简介

该军队工程项目的绩效审计评价体系主要包含四个大的方面：军事性效益绩效审计评价指标、经济性效益绩效审计评价指标、社会性效益评价指标和环境性效益评价指标。军事效益审计评价指标主要包括可行性论证、质量标准设定、质量过程控制和工程竣工验收四个方面的指标，具体明细指标内容见表6-2。经济效益评价主要围绕工程投资、工期和管理等方面，审查工程的建设管理情况和资金的运动过程，表现为军队工程的投资效益、时间效益和管理效益，具体明细指标内容见表6-3。军队工程的社会效益，指军队工程对国家和地域经济发展环境的影响及对人们生活环境的改变，主要评价指标为社会结构影响、经济发展影响指标，具体明细指标内容见表6-4。环境效益是军队工程队所在地区自然环境和人文环境产生的现实和长远的影响，包括资源耗用、污染破坏、污染治理和人文环境等产生的影响，主要评价指标分自然资源评价指标、生态环境评价指标和人文环境评价指标，具体明细指标内容见表6-5。

表 6－2　军队 A 单位某工程项目军事性效益绩效审计评价指标体系

一级指标	二级指标	三级指标	四级指标	二级指标	三级指标	四级指标
军事性评价指标体系	①工程目标可行性论证	决策依据	决策依据的必要性	②工程质量标准设定	标准的选择	标准选择依据的充分性
			决策依据的可行性			选择标准的先进性
		决策程序	决策程序的严谨性		工程项目设计	设计单位资质符合规定的比例
			决策程序的合规性			设计方案责任到人的比例
		决策效果	决策目标的明确度			设计方案经审批的比例
			决策目标的合理性		工程招标投标	项目经过招标投标的比例
			项目决策的民主性			招标投标公开的比例
			专家满意度			招标投标文件齐全的比例
			官兵满意度			中标单位资质符合的比例
		责任追究	责任追究制度的完善性	④工程竣工验收	保障能力建设指标	实际建设效果与规划目标的一致性
			追究机制责任到人的比例			与军事装备的配套率
	③工程质量建设过程控制	建设质量控制	施工合同内容的规范严谨性			与整体工程的配套率
			鉴定质量管理合同的比例			平战转换效能
			对工程设计文件进行确定的比例		战场生存能力指标	工程项目防侦察检视能力
			对质量管理体系进行检查的比例			工程项目抗毁伤强度
			对工程材料进行检查的比例			战场应急抢修能力
			对施工工艺进行检查的比例		工程质量效益指标	地基与基础优良率
			对实体质量进行检查的比例			主体结构优良率
			申请质量鉴定、竣工验收的比例			建筑装饰装修优良率
		监理质量控制	监理单位选定的合法性			建筑屋面优良率
			有质量责任合同的比例			建筑给排水系统优良率
			监理人员按时到位的比例			建筑电气安装优良率
			施工单位自检体系规章制度完备的比例			建筑通风与空调优良率
			对工程质量抽查检验的比例			建筑电梯安装优良率
			有工程质检报告的比例			新技术应用比例
		官兵参与管理程度	官兵参与质量监督的比例	备注：军事效益审计评价指标主要包括可行性论证、质量标准设定、质量过程控制和工程竣工验收四个方面的指标。		
			官兵对工程质量的满意度			

表6-3 军队A单位某工程项目经济性效益绩效审计评价指标体系

一级指标	二级指标	三级指标	四级指标	五级指标	二级指标	三级指标	四级指标	五级指标
经济性评价指标体系	① 投资绩效指标	投资控制措施	整体控制措施	投资总预算额合理性	③ 资金管理绩效指标	工程建设资金筹措情况	工程建设资金筹措渠道	资金筹措的合规性
				工程结算审计结果				上级专项建设资金补助比重
				工程决算审计结果				单位弥补资金比重
			过程控制措施	工程款支付进度			工程建设资金到位情况	总体建设资金到位率
				跟踪审计执行情况				上级专项建设资金到位率
				其他费用开支额				单位弥补资金到位率
		实际控制成效	总造价成效	工程实际建设成本变化率				建设资金到位及时性
				工程单位面积成本造价		工程建设资金使用情况	工程建设资金使用的合规性	实际支出的合规性
				工程适价核减率				实际支出调整的合理性
			建设单位管理费用成效	接待费用开支比例			工程建设资金使用的安全性	前期的资金使用预控
				办公费用开支比例				实施中的资金使用监控
	② 时间绩效指标	工程进度控制措施	阶段控制措施	工程施工进度表				项目完工后的资金审计
				分项工程定额工期率			工程建设资金使用的有效性	资金使用率
				分项工程交付使用期限				资金超支率
			整体控制措施	工程完工期限				实施产生的效益
				工程交付使用的期限				工程质量效果
		实际控制成效	阶段工期效果	阶段计划投资完成率				工程管理费用增减率
				阶段分项工程提前工期率				违规使用资金比率
				阶段分项工程工期拖延的比例				财务、政务公开的比例
				阶段固定资产交付使用率		工程财会管理情况	会计信息质量情况	会计信息的真实性
			整体工程效果	实际建设工期变化率				会计信息的完整性
				工程工期拖延项目的比例				会计信息的及时性
				工程项目变更的比例			财务管理情况	财务管理制度的健全性
				固定资产交付使用期限				财务管理的有效性

备注：经济效益评价主要围绕工程投资、工期和管理等方面，审查工程的建设管理情况和资金的运动过程，表现为军队工程的投资效益、时间效益和管理效益。

表6-4　军队A单位某工程项目社会性效益评价指标体系

一级指标	二级指标	三级指标	四级指标	二级指标	三级指标	四级指标
社会性评价指标体系	①工程经济绩效水平	区域经济总量	地区经济竞争力	②工程社会结构	产业结构	三大产业产值比例
			地区名誉威望影响度			第三产业占GDP比重
			民用资源占用率			带动当地相关行业发展情况
			工程项目地方可利用率			提高投资吸引能力情况
			对当地GDP增长影响率		就业结构	外出务工人员占总劳动力比重
			当地财政收入增长率			第三产业就业人员占总劳动力比重
			当地收支平衡影响度		利益关系	当地政府部门与驻地部队的关系
		个人经济收入	人均GDP增长率			当地民众与官兵的关系
			人均纯收入增长率			
			居民对收入满意度			
		居民就业水平	直接就业水平			
			间接就业水平			
			潜在就业水平		备注：军队工程的社会效益，指军队工程对国家和地域经济发展环境的影响及对人们生活环境的改变。主要评价指标为社会结构影响、经济发展影响、居民生活质量影响指标和社会进步影响指标四类。	
		当地人口变化	当地人口密度变化率			
			当地人口迁移率			
		民用科技进步	军用科技对当地科技示范引领效应			
			军用科技成果转化率			
			军用科技成果对民用科技进步贡献率			

表6-5 军队A单位某工程项目环境性效益评价指标体系

一级指标	二级指标	三级指标	四级指标	二级指标	三级指标	四级指标
环境性评价指标体系	①自然资源评价指标	自然资源消耗系数	水资源消耗系数	③生态环境评价指标	水环境	水质污染综合指数
			耕地资源消耗系数			污水处理设施完善率
			能源消耗系数		大气污染	空气污染综合指数
		自然资源综合利用效益	水资源综合利用比率			施工现场扬尘处理措施
			耕地资源综合利用比率		声学环境	噪声污染分贝值
			能源综合利用比率			噪声控制措施
		自然资源综合节约效益	水资源平均节约率		土壤环境	水土流失量面积
			耕地资源平均节约率			森林湿地破坏面积
			能源平均节约率			水土流失控制措施
	②人文环境评价指标	宗教文化	对当地各民族和谐的影响度		海洋环境	海洋污染综合指数
			当地居民传统思想观念改变率			污染控制措施
			对当地宗教文化影响度		生物物种	野生动植物物种数量变化率
		民俗民风	当地居民传统思想观念改变率			野生动植物物种密度变化率
			社区精神文明提高程度			
			对当地社会风俗的影响程度		备注：环境效益是军队工程队所在地区自然环境和人文环境产生的现实与长远的影响，包括资源耗用、污染破坏、污染治理和人文环境等产生的影响。主要评价指标分自然资源评价指标、生态环境评价指标和人文环境评价指标。	
		人文景观	当地文物古迹保护情况			
			当地自然风景区保护情况			
		居民意见	当地政府部门对工程项目的态度			
			当地民众对工程项目的态度			
			当地民众对征地、拆迁情况的意见			

（3）评价与总结

通过调研，我们发现该军队工程项目绩效审计评价体系的特点如下：

第一，绩效审计评价的正规化程度较高。评价体系中的构成要素都有详尽的说明和可量化的精确化指标，尽可能地采取量化考评，对审计对象行为的约束程度较高。例如：军事性效益的评价指标在工程目标可行性论证时强调"决策依据""决策程序""决策效果""责任追究"都是对行为绩效的衡量；在工程质量标准设定时强调了"标准的选择""工程项目设计""工程招标投标"中的责任成分，对审计对象的约束程度较高。

第二，评价体系注重了结果公平。例如，在决策效果的衡量中考虑到了"专家满意度"和"官兵满意度"指标；在工程质量建设过程控制中考虑到了官兵参与管理程度，使用了"官兵参与质量监督的比例"和"官兵对工程质量的满意度"指标。说明该军队工程项目绩效审计评价过程的形式正当性、互动建设性以及结果合理性的程度都是较高的。

第三，体现出了层次性设计维度的要求。评价过程中注意了不同层次的信息来源，例如：在考察社会性效益时，使用了"项目区居民社会福利水平影响度""居民生活水平满意度""当地政府部门与驻地部队的关系""当地民众与官兵的关系"等指标；在考察环境性效益时，使用了"当地政府部门对工程项目的态度""当地民众对工程项目的态度""当地民众对征地、拆迁情况的意见"等指标，评价了来自不同层次信息源的情况。

通过对该军队工程项目绩效审计评价指标体系的分析可知，军队审计部门在军队工程项目绩效审计评价指标体系的构建过程中，较注重正规化维度、程序公平维度和层次性维度的考量，也说明了军队绩效审计评价体系设计的正规化维度、程序公平维度、层次性维度与军队工程项目绩效改进的关系是密切的。这一结论对于本文的研究作用重大，本文依此结论又对附录1——军队绩效审计评价体系设计量表，进行了修正，使第二阶段的问卷调查更加有针对性。

（五）研究结果及分析

第二阶段研究——假设检验阶段。

1. 样本特征

对回收的问卷进行统计分析，得出统计数据。（注：在这里，我们仅提供了问卷的问项供参考，具体的问卷回收数据并未列出，在今后的审计工作中，审计人员可以根据具体的审计项目，调整问卷问项后，再发放给具体的调查对象，以获得所需的统计数据。）

表 6 – 6　军队绩效审计评价体系设计维度的重要性（%）

设计维度	A 单位	B 单位	C 单位	D 单位	E 单位	F 单位	G 单位	……
指标对绩效改进								
目标设置								
过程公平								
正规化								
层次性								

2. 假设检验结果

（1）建模

步骤一：数据处理。

$X_0(K) = \{a_1, a_2, a_3, a_4, a_5, a_6, a_7, \dots\}$

$X_1(K) = \{b_1, b_2, b_3, b_4, b_5, b_6, b_7, \dots\}$

$X_2(K) = \{c_1, c_2, c_3, c_4, c_5, c_6, c_7, \dots\}$

$X_3(K) = \{d_1, d_2, d_3, d_4, d_5, d_6, d_7, \dots\}$

$X_4(K) = \{e_1, e_2, e_3, e_4, e_5, e_6, e_7, \dots\}$

其中，$X_0(K)$ 代表项目绩效的改进；$X_1(K)$ 代表评价体系设计中，目标设置与项目绩效改进的关系；$X_2(K)$ 代表评价体系设计中，过程公平与项目绩效改进的关系；$X_3(K)$ 代表评价体系设计中，正规化与项目绩效改进的关系；$X_4(K)$ 代表评价体系设计中，层次性与项目绩效改进的关系。做它们的折线图，观察四条曲线与项目绩效改进曲线 $X_0(K)$ 最相似的是哪条曲线。最接近的曲线，就是关联度最大的。

灰色关联有四个公理：规范性、整体性、偶对称性、接近性。灰色关联度分析就是引出一种量，并用该量来度量两事物间的相互依赖关联的程度（关联度），记为 $r(X_0, X_i)$。

当 $r(X_0, X_i) > r(X_0, X_j)$ 时，说明 X_i 比 X_j 对于 X_0 更密切。

规定

$$r(X_0, X_i) = \frac{1}{N}\sum_{i=1}^{N}\xi_i(K) \tag{6.4.1}$$

步骤二：计算关联度系数。经计算

Min min$/X_0$（K）$- X_i$（K）$/ = a$

Max max$/X_0$（K）$- X_i$（K）$/ = b$

$$\xi_i（K）= \frac{a + \sigma b}{|X_0(K) - X_1(K)| + \sigma b}, \; i \neq 0 \qquad (6.4.2)$$

σ 称为分辨系数，在 $0 < \sigma \leqslant 1$ 中选定。

显然，$0 < r（X_0, X_i）\leqslant 1$，$0 < \xi_i（K）\leqslant 1$。

据经验，设分辨系数 σ 为 0.5，将相应的 X_0（K）与 X_i（K）的数值代入式 $(6.4.2)$ 中，得

$\xi_1 = \{ K_{11}, K_{12}, K_{13}, K_{14}, K_{15}, K_{16}, K_{17}, \cdots \}$

$\xi_2 = \{ K_{21}, K_{22}, K_{23}, K_{24}, K_{25}, K_{26}, K_{27}, \cdots \}$

$\xi_3 = \{ K_{31}, K_{32}, K_{33}, K_{34}, K_{35}, K_{36}, K_{37}, \cdots \}$

$\xi_4 = \{ K_{41}, K_{42}, K_{43}, K_{44}, K_{45}, K_{46}, K_{47}, \cdots \}$

步骤三：算出关联度 $r（X_0, X_i）$。

由公式 $(6.4.1)$ 分别计算出目标设置、过程公平、正规化、层次性关于指标对绩效改进的关联度 r_1，r_2，r_3，r_4：

$$r_1 = r（X_0, X_1）= \frac{1}{N_8} \sum_{i=1}^{8} \xi_1(K)$$

$$r_2 = r（X_0, X_2）= \frac{1}{N_8} \sum_{i=1}^{8} \xi_2(K)$$

$$r_3 = r（X_0, X_3）= \frac{1}{N_8} \sum_{i=1}^{8} \xi_3(K)$$

$$r_4 = r（X_0, X_4）= \frac{1}{N_8} \sum_{i=1}^{8} \xi_4(K)$$

步骤四：比较关联度大小给出结论。

其中，r_1 代表目标设置与绩效改进的关联度，r_2 代表过程公平与绩效改进的关联度，r_3 代表正规化与绩效改进的关联度，r_4 代表层次性与绩效改进的关联度。通过比较 r_1，r_2，r_3，r_4 的大小，来反应这四个设计维度与绩效改进的密切程度。

（2）结论

当 $r_1 > r_2 > r_3 > r_4$ 时，说明军队绩效审计评价体系设计的目标设置维度比过程公平、正规化、层次性维度对于绩效改进更密切。过程公平、正规化、层次性维度与绩效改进的密切程度依次差些。

当 $r_1 > r_2 > r_4 > r_3$ 时，说明军队绩效审计评价体系设计的目标设置维度与绩效改进最密切，过程公平、层次性、正规化维度与绩效改进的密切程度依次差些。

当 $r_1 > r_3 > r_2 > r_4$ 时，说明军队绩效审计评价体系设计的目标设置维度与绩效改进最密切，正规化、过程公平、层次性维度与绩效改进的密切程度依次差些。

当 $r_1 > r_3 > r_4 > r_2$ 时，说明军队绩效审计评价体系设计的目标设置维度与绩效改进最密切，正规化、层次性、过程公平维度与绩效改进的密切程度依次差些。

……

依次类推，可以得出不同的结论。用得出的结论指导军队绩效审计评价指标体系设计时，按重要性选择不同类型的指标。

五、对构建军队绩效审计评价体系的启示

（一）有助于明确评价指标体系设计维度与绩效改进的内在驱动因素

军事经济资源要实现使用效益最大化，不仅需要被审计项目单位努力工作，也需要被审计项目单位对审计设置的绩效目标的认可和对提出审计建议的有力支持。前者的意义显而易见，而后者属于隐性价值驱动因素。主要表现为，军队绩效审计评价不仅仅要对被审计项目历史成绩的界定或回顾，更重要的是对被审计项目潜能的预测和策略性地开发与挖掘，而军队绩效审计评价的最大难题也在于如何评价和开发被审计项目隐性价值驱动因素。

传统上，一旦被审计单位或项目绩效出现问题，上级管理部门首先会把绩效不佳的原因归于项目自身能力不足，其次是控制不力，最后才是外部条件的制约。而被审计单位或被审计项目则会把原因首先归结为外部因素制约了绩效的发挥，如支持环境变化超出了被审计单位的控制范围，最后才会归结为项目自身能力问题。事实上，项目绩效取决于三个因素：技能问题、项目动力、支持环境问题，也就是说绩效取决于项目的能力、做好项目的愿望以及项目的条件，即存在这样的关系：绩效＝f（能力，动力，环境）。

因此，构建军队绩效审计评价体系时，注重指标设计的目标设置维度、过程公平维度、正规化维度和层次性维度，能兼顾长期和短期绩效目标，重视那些对

被审计单位满意度和军队单位绩效目标影响最大的技能问题、项目动力问题和支持环境问题，用因果链将绩效评价与绩效改进的关系串联起来，对于建立军队绩效审计评价标准具有重要意义。

（二）有助于厘清军队绩效审计评价体系的内在设计机理

综合上述理论模型的分析和验证，我们可以构建出军队绩效审计评价体系设计机理模型，如图6-7所示。

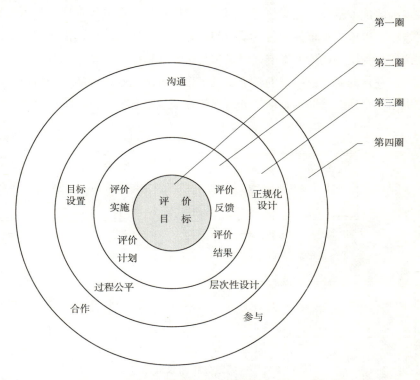

图6-7　军队绩效审计评价体制内在设计机理模型

从图6-7可以看出，实现评价目标是核心，促进被审计单位或项目的绩效改进是结果。评价的流程实质上是由评价计划、评价实施、评价反馈及评价结果四个部分组成。要实现评价目标，不仅要实施评价流程，还要在整个评价系统中贯穿目标设置、过程公平、正规化程度及层次性等设计维度。与此同时，还要将参与、沟通、认同及合作等中介变量嵌入军队绩效审计评价体系。

军队绩效审计评价体系设计机理模型表明，在设计绩效审计评价系统时，军队审计部门应以评价目标为核心，从四个不同的维度实施评价流程，并考虑到具体的环境要求，权变地运用设计原理，真正发挥军队绩效审计评价体系应有的战略决策有用功能和促使审计对象在更高层面上创造价值。

（三）有助于进一步了解绩效评价与绩效改进的过程

军队绩效审计评价是对经济性、效率性和效果性的评价，同时也是结果评价、行为评价和能力评价三位一体的统一过程。结果评价能够帮助我们确定目标达成程度，发现绩效偏差范围，但无法辨识何种因素导致了不良绩效出现。行为评价主要是分析被审计单位或被审计项目的动力和行为表现，包括动机、投入程度等。尽管行为评价较少受支持环境的影响，但是它无法把项目能力从动力中分离。因此，军队绩效审计评价既要考虑绩效的三个变量，也要考虑绩效评价的三个组成手段。为此我们提出一个递进式的项目绩效分析评价与绩效改进模型，如图 6－8 所示。

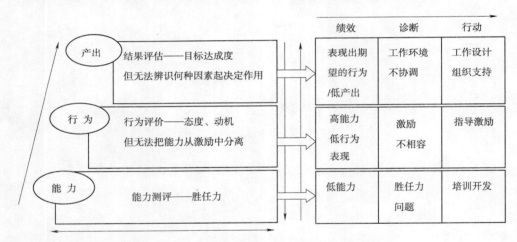

图 6－8　项目绩效分析与改进操作过程

注：↑代表审计人员对项目绩效差距的归因顺序，↓代表项目绩效本身对绩效差距的归因顺序。

第一步，分析被审计项目的不良绩效是否由能力不足造成。如果能力测评不足，绩效诊断的原因可以归结为胜任力不足问题，建议采取的绩效纠偏手段是培训、开发。经培训后仍无法胜任该项目，则可以考虑建议转换到其他部门承接该项目。如果能力测评没有问题，则进入第二环节。

第二步，分析被审计项目是否存在有能力但表现消极的现象。这一阶段就是运用比较常见的行为测量工具——关键事件法（CIM），对被审计项目能力和行为进行评价。如果测量结果表明，项目有胜任的能力，但是表现消极，那么说明上级管理部门的激励政策与项目行为不相兼容，项目缺乏积极的动力。具体建议的纠偏措施是加强对项目的行为指导和激励，加强被审计项目单位责任意识的培养，鼓励被审计项目单位参与管理，创造一种公平的氛围来凝聚项目行为和行动方向。如果项目表现尚好，但是绩效结果不理想，则进入下一步分析环节。

第三步，分析可能引起被审计项目不良绩效的环境因素。如果项目表现出期望的行为，但是产出结果不理想，则可以归结为工作环境不协调，如工作缺乏有效的对接和组织支持，支持环境有变化而单位和项目策略来不及调整，以及支持环境的变化超出了项目能力的掌控范围，等等。建议的纠偏行动主要包括项目管理再设计、工作流程调整与优化、加强领导、组织指导和协调等具体举措。

（四）有助于认识评价标准是军队绩效审计不可或缺的因素

建立一个科学、完整的评价指标体系只是实施军队绩效审计评价工作的起点，评价什么和怎样评价才是评价工作的核心内容。评价工作开始前，首先要根据这些指标需要事先制定评价的标准，然后根据各指标的实际水平进行比较评价。军队绩效审计评价标准是衡量、考核、评价审计对象效益高低、优劣的判断尺度，与审计判断直接相关，是提出审计意见、作出审计结论的依据，是军队绩效审计项目中不可或缺的因素。军队绩效审计标准中所包含的指标体系从不同角度、不同层面反映军队部门所从事的军事经济管理活动内容。例如，军队资金投入情况、军队资金利用情况、军事资源节约情况、产出情况、投入产出比较、军队单位基本职能履行情况、军队单位对社会责任的回应情况或社会公众的满意情况等。然后针对相关指标进行调查取证，计算或测算各项指标的实际水平，为了判断各指标实际水平的高低，审计人员就需要参照一个基准进行判断，而这个参照基准就是绩效审计的评价标准。

第三节 军队绩效审计评价标准的选择与制定

在经过对军队绩效审计评价体系设计维度与绩效改进关系的分析、论证之后，我们明确了军队绩效审计评价体系的内在设计机理，认识到评价标准才是指标应用的尺子，确立评价标准是军队绩效审计评价体系的核心内容。根据绩效目标，审计人员在绩效评价中确定评价标准；根据绩效目标和评价标准，审计人员确定收集数据和进行评价的具体方法。评价标准是连接评价目标和评价方法的纽带，没有评价标准，就无法选择评价的方法和设计评价体系。

一、军队绩效审计评价标准的运用过程

审计署审计科研所的刘力云教授认为，绩效审计项目不同，评价标准也会千差万别，每个项目都会有其特有的评价标准。对于军队绩效审计来说，目前还没有一个公认的适合于各种情况的标准。被审计单位、项目千差万别，职能和目标也因此各不相同，过分夸大复杂的量化指标在绩效审计评价中的作用，并且试图建立"一卡通"式的评价指标体系，是不现实的。

但是，也不是说就没有办法利用评价标准的优势为军队绩效审计服务。评价标准包括基本标准和更高标准。基本标准是对评价对象而言期望达到的水平，这种标准是每个评价对象经过努力都能够达到的水平。对一定的绩效来说，基本标准是可以有限度地描述出来的。更高标准是指对评价对象提出要求和期望，目前没有达到但是通过努力可以达到的绩效水平。更高标准并非每一个评价对象都可以达到，而且更高标准不像基本标准那样可以有限度地描述出来。更高标准可以促使评价对象朝着更高、更优秀的目标而努力。不同的绩效审计项目有不同的评价标准，评价标准应该具体、明确、具有较强的可操作性，并且必须与被审计单位就评价指标达成共识。军队绩效审计指标、军队绩效审计评价标准、军队绩效审计评价的运用逻辑如图 6-9 所示。

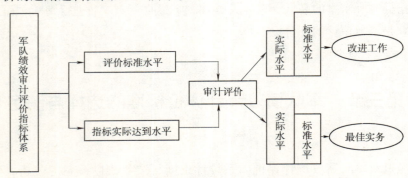

图 6-9 军队绩效审计评价指标、评价标准和评价过程

二、军队绩效审计评价标准的制定原则

军队绩效审计评价标准的恰当与否决定了绩效审计工作的成败，制定评价标准是绩效审计的关键环节，其恰当与否还直接关系到审计结论的正确性、适当性和说服力，所以，制定评价标准时，我们必须遵循一定的原则。

（一）遵循依托绩效责任目标原则

无论属于哪种类型的标准，其最终目的都是为了评价军队受托绩效责任的履行情况，评价标准的选定必须依托特定受托绩效责任的特定目标。因此，选择和确定审计评价标准，必须要从被审计单位或审计对象的实际出发，充分重视对被审计单位或审计对象的实地调查。要根据被审计单位或审计对象的行业特点和管理要求，了解和确定被审计单位或审计对象应建立的评价标准，已经建立和使用的评价标准，并对这些标准进行分析和评价。以便选择和确定审计所需要的"合适的"评价标准。同时，选择和确定审计评价标准，必须要联系具体的审计目标，并围绕审计目标来进行。

选择和确定绩效审计评价标准不能仅仅依赖某一类标准，这对于评价被审计单位实际绩效状况是不全面的，也容易出现偏颇。因此审计人员应充分把握好对不同类型的审计评价标准进行选择和比较，善于宏观性、整体性、建设性地开展工作，站在军事经济宏观层面发现问题、解决问题，确定一个具有先进水平的绩效标准，这个先进水平总体而言比被审计单位的绩效实际水平略高，这样在评价过程中便容易得出标准水平与实际水平之间的差异，通过差异分析和发现原因，促进被审计单位在今后工作中为更高的目标而更加努力。

（二）遵循正规化原则

正规化原则，首先要考虑环境变化的影响。有的军队绩效审计评价标准往往会由于时间的变化、地点的变化或对象的变化导致审计目标的变化，从而不适用于某一审计事项之中，所以确定绩效审计评价标准的建立应当考虑环境的变化，特别是与军队绩效审计评价标准有关的军事经济管理方针、计划、控制制度和决策过程，着眼于未来军事经济活动的改进和规范，使其处于不断修订完善的动态过程中，这更需要审计人员运用专业判断合理选择确定，否则容易形成不恰当或不准确的审计结论，影响审计质量和审计声誉。例如，某些项目在实际工作中由于军队单位或军队项目的产出和最后的效果之间存在时间的滞后性，这些项目的

效益需要较长时期才能体现出来，甚至建成初期可能有较大绩效不佳情况，如果此时审计人员套用常见的绩效评价标准可能会造成评价的不公平，形成不恰当的审计结论。

其次，必要时需开展专业论证。由于军队绩效审计评价标准既要满足审计人员发表意见的需要，又要结合被审计单位实践，还要具有一定的先进性，往往在选择过程中会导致审计人员和被审计单位存在较大争议，即便是依据一个公认的标准，这种分歧仍不可避免。为了能够在三者之中找到一个平衡点，选择和制定标准需要审计人员认真细致地开展专业论证，甚至要借助外部专家的力量。特别是在调整绩效审计评价标准过程中，可能存在没有可以借鉴的基准，开展专业论证就显得更加迫切和必要。

（三）遵循程序公平原则

程序公平原则，首先需要在制定评价标准时与被审计单位沟通协商。绩效审计评价标准很多并不是在法律、法规中事先确定，需要审计人员根据被审计单位实际情况、被审计单位所处的社会环境等多种因素，与被审计单位进行讨论与沟通，被审计单位衡量或评价自身工作成果的绩效标准是绩效审计评价标准的主要来源。《世界审计组织效益审计指南》认为，审计师一般应该在主要绩效审计工作开始时将审计评价标准告知被审计单位，以便发现、讨论并及早解决他们和被审计单位管理人员发生意见分歧的审计评价标准。最高审计机关国际组织指出，在开发效益审计评价标准时争取被审计单位的投入是非常重要的。

而且，制定评价标准还要尊重被审计单位实际。军队审计人员应该明确，不同的军队单位的职能不同，它们的功能和目标都不同，因此对不同单位的绩效水平应采用不同的标准。同时，审计评价标准的选择必须要联系具体的审计目标，并围绕审计目标来进行。评价标准还应能为军队各方所理解和接受。根据《世界审计组织绩效审计指南》，合适的绩效审计评价标准需要具备可靠性、有用性（相关性）、客观性、可比性、完整性、可理解性和可接受性等一系列要求和特点。

（四）遵循层次性原则

军队绩效审计人员无论是评价绩效还是选择绩效审计评价标准时，都需要兼顾微观效益与宏观效益的统一、大局利益与个体利益的统一、军事经济效益与社会效益的统一、直接效益与间接效益的统一、短期效益与长期效益的统一、定量与定性相结合、统一标准与专门标准相结合。只有兼顾这"五个统一，两个结合"，才能够正确评价军队单位的大局观、社会责任观对军队经济建设的积极作用，发现局部与整体不相适应的问题。

三、军队绩效审计的总体评价标准

在考虑以上各项原则后，我们选择评价标准时，应在军队绩效审计评价体系的总体框架下，根据目前军队绩效审计工作开展以及相关法律法规的要求，遵循绩效审计评价标准制定原则，采取设置统一标准框架的方法，总体列出几个大的评价方向，便于各个单位据以设置适合自身的分解指标。如果被审计单位自己有评价标准，这些标准是可以借鉴的，但是要特别注意对这些标准的客观性、合理性和有效性的评估。

例如，可分别建立军队专项资金项目绩效评价标准、军队部门绩效评价标准、军队单位绩效评价标准等。同时从标准的适用性来考虑，可再划分为通用标准、专用标准、补充标准和评议标准等。无论是按类别划分的，还是按适用性划分的标准，制定军队绩效审计总体评价标准的重点都应衡量军事资源使用绩效"质"的方面，不能脱离对经济性、效率性、效果性、公平性、社会效益内容的标准制定。

本章小结

本章是军队绩效审计推广应用的基本途径的具体化，论述需要构建科学的军队绩效审计评价体系。尽管没有统一的评价标准，军队绩效审计工作仍然可以进行，但是缺乏公认的绩效审计标准，由审计人员主观判断进行评价，会影响绩效审计的质量和审计结论的可信度，制约全面实施军队绩效审计。因此，构建科学的评价体系是军队绩效审计推广应用过程中不可忽视的重要环节。本章主要指出了构建评价体系应注意的问题，提出了基于设计维度与绩效改进关系的评价体系构建方法，最后阐明如何选择与制定评价标准。

第七章　完善军队绩效审计推广应用的支持环境

军队绩效审计推广应用的发展和稳定阶段都要受外在环境的影响，都需要外部支持系统给予扶持、引导、调整与促进，以规范军队绩效审计推广应用的运行轨迹，而通过推广应用的实际效果也能反馈外部支持系统存在的不足，促使外部支持系统不断的矫正，最终实现外部支持系统与军队绩效审计推广应用的协调。

党的十八大明确指出"加快全面建设现代后勤"和"建立健全权力运行制约和监督体系"，基层官兵利益被摆在更加突出的位置，军委在各种后勤业务工作会议上对加强绩效审计工作的呼声也越来越高，我军推行绩效审计工作具备了大发展的条件。但受传统观念束缚、体制的影响、法规的制约、理论研究的滞后、人员素质不能适应部队绩效审计要求，以及部队各级部门将开展绩效审计作为时髦工作和亮点工作来推进，基层对绩效审计的不甚理解等，这些因素综合导致我军绩效审计发展缓慢。现阶段，我军推进绩效审计工作还有大量工作要做，创造有利于军队绩效审计推广应用的环境需要得到以下几个方面的支持。

第一节　政策法规的支持

政策法规是说明和认可军队绩效审计的最有效的方法，如果不能在政策法规中列出绩效审计的要求，就容易使军队审计部门遭受质疑，指责其工作超越审计条例的范围。因此，我们需要在政策法规方面给予军队绩效审计以支持，创造出一种令人畏惧的警示环境。

一、明确军队绩效审计法律地位

法规制度是开展军事经济绩效审计关键的一环，审计署提出的"依法审计、服务大局、围绕中心、突出重点、求真务实"的"二十字"审计工作方针中，"依法审计"是放在第一位，它是审计的最基本原则，也是开展军队绩效审计关键的一环。以法律、法规的形式明确绩效审计的权限是非常必要的，军队审计人员在进行绩效审计时也才有法可依。

赋予军队绩效审计法律地位。其一，要在相关法律、法规中对军队审计部门开展绩效审计的法律地位、审计权限、范围、目标等内容以法律形式加以明确。这样才能在最大程度上保障军队审计的独立性和权威性，为军队绩效审计的开展提供有利的法制环境。其二，要认真总结在经济责任和专项资金审计中取得的效益评价方面的经验，结合财务收支审计的审计准则，制定军队的《军队绩效审计准则》和《军队绩效审计执业指南》，以形成系统的、完整的和操作性较强的军队绩效审计准则体系。在准则中应对绩效审计对象、审计目的、审计程序、审计报告基本形式等做出规定。其三，我们需要借鉴国际绩效审计惯例，根据军队审计环境对绩效审计的新要求，建立军队绩效审计制度，完善军队审计法律体系。

二、制定军队绩效审计规章制度

完善有效的法律法规制度是西方国家顺利实施绩效审计的重要基础。我军要顺利推进绩效审计，一是注重加强法制建设，建立和完善军队绩效审计法律体系，为改革确立牢固的法理基础；二是重视系统性制度建设，完善和整合现有规章制度，着手制订中长期规划，明确军队绩效审计改革发展方向；三是细化军队绩效审计管理的具体实施细则，明确责任主体，增强实用性和可操作性。

三、建立军队绩效审计监察制度

军队单位建立一套体系完整、职责明确的绩效审计监督制度，参与监督绩效审计执行情况，军队审计机关在各单位自行监控的基础上重点检查工作。主要检查绩效审计目标完成情况，督促审计部门及时采取措施，纠正发现的问题，确保绩效审计目标的达成。检查制度应遵循重点突出、适时恰当和及时纠正的原则，最终形成绩效审计运行检查报告，为加强军队绩效审计执行管理工作提供可靠的依据。

第二节　组织管理的支持

一、改变传统观念

（一）提高对军队绩效审计工作的认知度

从国内外的绩效审计实践看，凡是工作开展较早、进展较快、成效较好的地区和部门，都是从上到下对绩效审计工作高度重视和支持，不少地区的主要领导还亲自抓绩效审计工作，有力地化解了工作推进过程中的各种矛盾和问题，促进了绩效审计向纵深发展。既然已经认知绩效审计是军队审计的必然趋势，我们就应该破除传统观念的约束，从决策部门到军队审计部门，从领导到军队审计人员，都加强对军队绩效审计工作的重视。

（二）加大宣传力度争取更大支持

加强军队绩效审计宣传是培养良好绩效文化的方式之一，绩效审计的宣传有多种形式：紧跟领导在重要工作会议上讲话精神，为树立绩效审计文化理念而开展审计专业业务培训班，积极推动绩效审计文化建设，形成良好的改革环境和氛围。通过宣传可以让我们知道军队绩效审计不是挑毛病的，而是为军队建设服务的。发现和查实问题只是手段，摸清经济家底，服务于领导决策，服务于军队建设发展大局才是目的。只有被审计单位理解了，才能很好地配合审计工作，才能在审计工作中发现有价值的线索和值得推介的好经验。

二、加强军队绩效审计应用研究

恩格斯曾经说过："一个民族想要站在科学的最高峰，就一刻也不能没有理论思维。"目前，军队绩效审计应用研究还是处在理论积累与实践突破的瓶颈阶段，关于这一问题的研究，既是当今军队审计研究的热点和难点，同时也是新的理论增长点。关于绩效审计应用的主导性研究和项目试点还未全面铺开，我军的绩效审计应用还处于初级阶段和先行试点阶段，大力加强军队绩效审计应用理论研究，是推进绩效审计推广应用的基础。

（一）注重组织方式的理论研究

在解放军审计署总体统筹下，由各总部审计部门统一组织，依托全军和武警部队院校和审计工作者，聚焦事关军队绩效审计应用的重大课题进行联合攻关，加大科研投入，尽快取得有价值的理论研究成果，以点带面，促进绩效审计理论研究上层次、上平台。

（二）注重审计方法的理论研究

"他山之石，可以攻玉"。发达国家广泛应用绩效审计，并已取得相应的理论研究和应用成果，我军绩效审计应用研究可跨越式发展，学习总结国外及国内地方政府在绩效审计应用实践工作中的成功经验，结合军队绩效审计目标多类、多样、多变、模糊的特点，制定出具有我军特色、可用于实践操作的绩效审计目标、内容和科学评价体系，在审计应用中运用先进的审计手段和方法，指导军队绩效审计应用深入发展。

（三）注重战时绩效审计理论研究

十八大以来，军队建设重点向战时转移，理论研究的热点也直接指向"能打仗、打胜仗"，加强战时绩效审计研究也被提上了重要日程。（1）要根据信息化战争的作战样式和作战手段等特点对战时绩效审计的要求，研究探讨战时绩效审计的基本理论问题，弄清楚战时绩效审计的特点，战时绩效审计的范围和内容，战时绩效审计的组织方式及机构设置等相关问题。（2）要对战时审计法规体系进行充分论证，加大法规和预案的可行性研究；对军队内部现有的平时审计法规和预案进行梳理，弄清楚哪些需要补充完善，哪些需要重新制定，以积极适应战时绩效审计的需要。①

---

① 美军在平时就非常重视战时审计理论研究以及战时审计员的培养工作。培训的内容包括应急行动准备、应急行动业务、代理人的指定和职责、经费审定和支付、军人薪金和差旅津贴。各个教学单元都用来训练准备参加战斗行动的审计人员。相比之下，我国目前对战时审计的准备工作做得还很不够，相关研究工作仍旧比较落后，也没有设立专门的战时审计培训机构。因此，我军在战时绩效审计理论研究方面应积极探索国外近年来战时审计的先进经验，尤其是美军，无论在实践还是理论方面都有更多可借鉴之处。参考约翰·T·兰恩：《空军第364审计员训练小队》，载于《外军后勤信息》2004年第4期。

三、创新军队绩效审计技术方法

（一）充分利用信息技术

要大力加强审计信息化建设，建立审计信息管理系统，开展计算机辅助项目审计。计算机辅助审计技术应用于程序审查和数据分析两个方面，使审计人员依靠计算机来收集充分、相关、可靠的证据成为可能。但是实施计算机辅助审计技术，需要注意几个问题：投入适当的时间来研究被审计单位信息系统运行并掌握一些实际情况；明确需要检查的交易记录的具体选择标准与将要使用被审计单位的业务数据来做何种运算，以及如何得到所需要的这些特定数据；采用及时有效的方式来采集审计数据。

（二）运用质量控制法

加强审计质量控制，对于防范审计风险，保障审计工作效果，规范审计人员的职业行为都有十分重要的意义。审计质量控制能采用"质量环节"控制和聘请外部机构评价两种方式。质量环节能贯穿审计准备、审计实施、审计报告、审计信息发布和总结经验五个"质量环节"的控制系统。"质量环节"的设立对于建立围绕审计目标的质量保证体系，指导审计人员依照审计标准规范审计行为，都具有重要意义。作为"质量环节"控制的补充，聘请外部机构符合已公布的审计报告，选择合适的专家对项目质量尤其是审计报告质量作出评价，能帮助审计人员总结经验教训和改进审计方法，增加评价的权威性和有效性。

（三）结合调查法与统计分析法

调查法用于在某个审计领域收集标准化信息，它是一种极具创造性、增值性和说服力的取证方法。在绩效审计项目中，调查法被广泛用来了解审计对象，提供最新证据。调查的类别通常有全面调查、抽样调查、网上调查等。为了高质量地完成审计任务，调查所收集的信息可以从统计的角度反映某个审计领域的情况，也可从总体上揭示不符合规范的情况。统计分析法采用数理技术方法，以定量分析的形式提供证据，有利于作出客观、准确、具有说服力的结论。而且，利用统计分析法中的抽样分析，可以通过少量样本的数据推断总体特征，获得所需要的结论，由此可以减少数据资料的收集和分析量，从而节省审计资源。

四、提升军队审计人员职业素质

目前，我军审计力量缺乏已经成为制约审计发展的薄弱环节，审计部门除了加强对口专业和综合人才配备外，还需在学习培养、选拔任用、职业道德教育等方面培养审计人员的绩效审计能力。

（一）加强绩效审计人才培养

绩效审计需要多样化和创新的方法，需要多学科的知识，还要求审计人员具有不同于一般军队干部的才能和更加专门的专业知识，能够深刻地理解绩效审计工作，在评价绩效时形成深刻而中肯的判断。因此，在绩效审计人才培养中要注重理论与实践并重的培养模式，在传授理论知识的基础上，增加案例分析、经验交流、实战探讨等方面的教学内容，使绩效审计人员不仅能熟练掌握审计知识和审计技术，而且能借鉴先进的绩效审计经验和绩效审计工作技巧；同时，还应通过实习、调研、参加绩效审计实务等活动，提高培养对象运用知识的能力，着重拓宽审计人员的思路，不但使审计人员具备创新能力，能够发现与财务审计不同的问题，而且能够以联系发展的观念看待或解决审计查出的问题，以能对被审计单位提出有价值的审计建议。

（二）规范绩效审计人才选拔任用制度

开展绩效审计的审计部门需要储备的专业人才必须涵盖经济师、律师、财会、软件开发人员、工程师等。为尽快适应绩效审计的要求，除对现有审计人员进行专业技能培训，提高审计人员业务水平的同时，还需借助于军地和相关院校审计部门的力量，来优化审计人员结构，建立一支与绩效审计相匹配的高素质审计队伍。要树立科学的用人理念，合理配备人才，严格按照"因事择人、因才适用、人事动态平衡"的原则，根据人才的不同特点和专长，按照不同审计任务，安排最适合的工作岗位，提高人才队伍的工作效率。要引入绩效审计人才的流动机制，转变观念，打破人才为单位、部门所有的观念，促进绩效审计专业人才在军队内部的合理流动，根据工作需要实施审计干部交流制度。在建立充分约束机制的基础上，健全人尽其才、才尽其用的用人机制和尊重知识、重用人才的激励机制，培育军队绩效审计人才"双向选择"的流动机制，改善人才竞争环境，实现自主择业与单位择优用人相结合的人才流动机制，改善审计干部队伍整体知识结构。

（三）建立绩效审计人员"准入制"和人才"储备库"

绩效审计工作对从业人员的专业技能和实践经验等方面都有较高的要求，因此，绩效审计干部的选任必须设置一定的限制条件，对从事专职审计工作的人员，必须具有审计专业或财经专业学历和一定的工作经验，从"门槛"角度保证审计人才的初始质量。开展绩效审计需要经济师、工程师以及高级管理人才，在增加审计人员编制比较困难的情况下，建立绩效审计"人才库"，确立与"人才库"内有关专家比较密切的聘用合作关系，构建绩效审计人才动态信息系统，注重绩效审计专家信息的动态收集、动态汇总和动态更新，保证人才信息具有较强的时效性；同时要实现各单位信息资源库的交互共享，满足多种项目审计需要。

（四）重视绩效审计人员的职业道德教育

军队开展绩效审计过程中，审计人员应在审计工作中保持敏感的职业特点和道德判断能力，本着负责的态度开展工作，坚持依法审计，按规章制度操作，按原则制度处理。职业道德操守作为绩效审计人员一种内在的道德素质修养，其高低不仅直接影响审计的质量，而且成为绩效审计事业取得更大发展的关键所在。审计工作要求决不能用那些不做事、做不成事、不敢坚持审计原则、不敢得罪坏人坏事的所谓"老好人"。因此，为使军队绩效审计人员能够提供高质量的、可信赖的审计成果，树立良好的职业形象，就必须大力加强绩效审计人员的职业道德教育，强化道德意识，提高道德水平。

第三节　制度环境的支持

所谓审计制度环境，是指与绩效审计有关的外部环境因素的综合。对军队绩效审计所处的特定制度环境进行研究，可以揭示军队绩效审计发展的客观规律，从而对军队绩效审计发展和政策选择提供有价值的参考和借鉴。构成制度环境的因素很多，但对军队绩效审计产生和发展有着重要影响的因素主要有军队预算管理体制、军队绩效审计管理制度、军队绩效审计配套制度和军队单位内部控制制度。

一、深化军队预算管理体制改革

政府绩效审计的国际实践表明，国家财政管理制度对绩效审计有着重要影响，其中，预算制度对绩效审计效果产生的影响尤其如此，建立绩效预算制度，将极大地促进政府绩效审计发展。军队实行绩效预算从长远看是预算改革的方向，但目前做不到，因为还不具备全面推行绩效预算的条件，需要逐步推行这项改革。改革军队预算管理体制，将军队预算的编制与执行职能分离，形成不相容职能的相互制约，为军队经费支出提出相对明确的绩效要求和考核指标，这就为军队审计部门提高绩效审计质量创造了良好的条件，同时也减少了审计风险的发生。深化军队预算管理体制改革，我们可以从以下几个方面展开。

（一）深化军队绩效预算改革管理体制

绩效预算能继承以前预算改革的一些有价值的成分，在军队预算管理体制改革中融入绩效预算的内容，可以加快改革的效果和进程。今后军队绩效预算改革的整体思路主要为：

1. 强化预算资金编制环节的绩效管理工作

绩效预算要求资金预算单位在编制预算时订立绩效目标，制订绩效目标实施计划，做实这些前期基础性工作，就可以按照事先制定的绩效目标，结合最终的实现结果进行绩效评价；结合前期工作的经验，进一步完善评价指标体系，用以指导资金预算单位绩效目标设立；制定用于项目资金申报的操作范本，建立项目资金申报的绩效管理工作流程。

2. 解决部门绩效与绩效预算挂钩的难题

从理论上看，一刀切的挂钩原则都有问题。我们应该选择一条有弹性的处理部门绩效与绩效预算挂钩问题的道路。有四个问题需要考虑：一是尽可能使各部门绩效得到量化，特别是把利益归属量化；二是不能量化的绩效也要尽可能分辨出受益对象，区分一般项目支出和绩效项目支出；三是预算编制应把部门目标与支出的对应性体现出来，按绩效预算要求划分支出类别；四是全面理解绩效，把部门用资金的合规性与预算结合起来。明确绩效预算与其他预算制度的关系，确立军队经费支出的绩效管理过程。

3. 进一步细化军队经费支出标准

科学、合理的军队经费支出标准是编制绩效预算的基础，因为绩效预算是讲效率和效益的预算。无论是基本支出，还是项目支出，如果没有清晰的支出标准都会成为无底洞。西方国家的绩效预算都是以支出标准的合理化为基础的。军队经费支出管理中要解决经费支出标准过粗、合理性不够的问题，需从三方面入手：一是调整经费支出标准确定权的划分，赋予军队部门更多权限；二是建立经费支出标准测定模型；三是界定清晰的经费支出标准确定原则。

（二）建立军队预算责任制

为了改变长期以来军队预算制定者不承担风险、不负责任、随意改变预算的状况，增强军队预算制定的科学性，促使军队预算的严格执行，有必要建立军队预算责任制，以增强军队预算制定者和执行者的责任意识，这是防止军队预算制定者和执行者滥用权力的需要。说到底，军队预算责任制的关键，就是在于对军队预算制定者和执行者的失误造成的损失，必须追究法律责任。而责任制对权力边界的界定和失职行为的认定办法和处罚措施，为军队绩效审计确证或解除军队受托责任提供了有力的证据和保障。

（三）完善军队预算绩效考核评价体系

从宏观政策的角度看，军队预算编制及其执行是军队宏观政策的制定和执行过程；而从军队管理绩效的角度看，军队预算编制及其执行则是控制成本、衡量绩效的主要依据。建立预算编制的考核评估机制，就是通过加强各项配套措施建设，对预算编制行为形成监督，从而增强预算编制的科学性。首先要严格预算编制过程的监督，加强预算项目的研究论证，在提交经费需求和预算方案时，应当实事求是，防止不切实际；要切实细化预算编制内容，精心组织预算编制工作，在整个预算编制工作的领导、论证、拟制和审批阶段，都要严格把关。

军队绩效审计强调必须很好地制定绩效目标，这样才能真实合理地评价被审计单位目标的实现程度。可以说，军队预算编制的考核评价与军队绩效审计的评价目标是一致的。因此，建立预算编制评价体系是一种有效的控制方式，有助于建立军队预算控制与军队绩效审计的联系，使项目目标和绩效标准有公认的、法定的规范予以定义，也使军队绩效审计结果能为军队预算编制提供更为可比的参考信息，以促进军队绩效审计决策有用功能的发挥。

（四）注重协调配合形成推进合力

军队绩效预算改革是一个系统工程，涉及军队管理的方方面面，其中很多已超出了财务预算部门的职能范围，需要更多的外部支持。如，在法律保障方面，需要立法机构的介入；在行政层面，需要军队高层管理支持；在保证绩效信息准确、完整等技术方面，需要审计部门、外部机构的介入和参与等。为此，在军队绩效预算改革中，要加强财务预算部门和其他部门之间的沟通协调，充分依靠纪检、审计等各方力量，化解改革阻力，形成推进合力。

二、改进军队绩效审计管理制度

我军现行的审计管理体制属于行政型双重领导体制，在主要行政管理权限不能做大的变动的情况下，可以逐渐从本级部门剥离出审计部门的相关职能，逐步形成相对独立的审计体系使各级审计机构在权限划分、机构设置上拥有较强的独立性和权威性，少受行政首长的干预，并对各级各单位的经济活动具有较强的法律监督约束力。在此基础上，我们才可以做出以下一些改变。例如，建立独立审计的保障机制，保障实施绩效审计耗费的时间、人力、物力和财力等，在行政标准经费中增加绩效审计专项经费；建立相对独立的审计部门人员录用和管理机制，对军区或兵种以上大单位的审计人员，实行军事行政领导下的文职管理制度，使审计人员的工资待遇与专业职称和工作绩效挂钩；开展军队绩效审计事务所专项审计制度，由战区或兵种以上单位建立军队专职绩效审计事务所，作为大单位派驻委托的独立部门，对军委、总部批复的大项工程建设或重大军事演习、抢险救灾等专项任务经费进行绩效审计，这样，在不做大的体制变动的前提下，绩效审计工作才能审出实效、审出客观和公正，从而真正促进各项军事经济活动效率与效益的提高。

三、完善军队绩效审计配套制度

绩效审计应用的顺利实施，与其他相关制度的密切配合十分重要。如果没有相关配套制度配合或缺乏对其的支持，绩效审计制度即使推行也会因为环境的不适而受阻，所以必须加强相关配套制度建设，为军队绩效审计应用提供"推广平台"。

（一）制定绩效审计责任追究制度

在以往的审计中，我们存在重监管而忽视责任追究的问题，使绩效审计提出的问题难以得到彻底的整改，以致出现问题反复发生的情况。建立责任追究制度有利于杜绝法规上的"空白、模糊和混乱"，充分有效地遏制不承担责任后果的行为。责任追究制度是加强项目监督管理的一项重要内容，是强化执法的制度安排。由于责任追究应是刚性的和体系性的，所以应本着"审计要严格，责任须追究，问题必整改"的思路建立责任追究制。首先要搞好责任分解。明确责任内容是进行责任追究的前提，在落实绩效审计结论时，要把各项绩效任务分解细化，形成横向到边、纵向到底、环环相扣、逐级负责的责任网络。细化责任、明确要求和工作标准，对项目负责单位和部门领导在绩效审计中所承担的职责、应达到什么绩效标准、出了问题时应负什么责任、怎样追究等都要一一明确。其次是区别对待。在绩效审计中对责任主体进行责任追究时，应区分作为和不作为两种不同行为的界限，对项目违纪违法而出现的重大问题要从重追究相关负责人责任；对历史遗留问题，要以追究责任人为主，对现任责任人从轻处理或免予追究。最后要有刚性的惩治规定。根据责任的大小、危害程度以及是否违法等，予以确定。

（二）推行绩效审计结果公告制度

绩效审计结果公告制度是提升绩效审计效力，促进绩效审计质量提高的重要保证，是军事民主与后勤现代化建设的必然要求。绩效审计结果若不能以适当方式公开，其审计影响力将大大降低，甚至得不到被审计单位和相关上级部门的尊重。绩效审计公告实际上是审计部门把绩效审计结果和审计知情权交了出来，使审计公开、公平和透明，通过揭示和向广大官兵反映军事单位或领导干部履行受托经济责任的情况和存在的问题，有效地发挥审计监督、立法监督、舆论监督多重约束机制的合力作用。绩效审计公告制度的推行，有利于推进军事项目决策科学化、规范化，促进军队各级、各部门管理水平的提高；有利于完善军队监督体制，促进考评制度的改革和责任追究制度的落实；有利于推动审计意见的执行，促进对违规问题的查处整改；有利于提高审计质量，促进审计部门自身建设。目前，绩效审计公告制度对于我军来说才刚刚起步，长期停留在较低的法规层次上，应尽快得到法规和制度上的确认和体现，使其成为法定程序，具有刚性的约束，以增强其法律效力和威信。

（三）加大绩效审计成果转化应用

加强绩效审计成果的运用，即改进评价信息的质量，在决策过程中使用评价的建议，安排绩效审计评价结果与预算安排之间的直接联系，对于预算目标完成不好的部门和项目，要帮助其分析原因，找出改进方法和措施。

四、健全军队单位内部控制制度

军队绩效审计是在财务收支审计基础上，向内部控制制度和军事经济效益两方面延伸，内部控制制度应该是绩效审计的基础。军队单位的内部控制作为保护军队资产、避免和检查错误和舞弊的第一道防线，是协助履行军队受托责任的一种机制，也是军事经济管理的一个主要部分，包括为实现军队任务、目标和目的所使用的计划、方法和程序。被审计单位的内部控制制度的建立、健全及其执行结果，对审计部门确定对被审计单位的账务处理的可依赖程度是非常必要的。

（一）对绩效目标管理情况进行内部控制评价

内部控制评价是军队单位自身对内部控制的有效性进行全面评价、形成评价结论、出具评价报告的过程。军队单位制定内部控制时，对军事经济管理活动制定了实现绩效目标的管理措施，如果定期地对绩效目标管理情况进行评价和总结，就有利于找出管理中的问题，促进整改。对绩效目标管理情况的内部控制评价应当遵守全面性、重要性和客观性原则。首要的是全面性原则，在内部控制评价中，评价工作应当包括内部控制的绩效目标管理设计与运行，要涵盖军队单位的各种业务和事项，对绩效目标的管理情况进行整体评价，但是也要遵循重要性原则，在全面评价的基础上，关注重要业务部门、重大业务事项和高风险领域的绩效目标管理。可以说，对绩效目标管理的内部控制评价与绩效审计都是为了促进军队单位内部控制的绩效管理目标的实现，对绩效目标管理的内部控制评价结果一定程度上可以作为绩效审计考核内部控制的基础。

（二）加大内部控制对财务报表错报的监控

追求效率是军队绩效审计的直接要求和现实约束。全面了解和评价重大错报风险的审计模式，会加大审计难度和工作量，影响审计效率。军队绩效审计过程中，对细节测试的范围和数量越有限，审计效率就越有可能提高。如果军队单位内部控制制度不健全，执行情况不理想，会使军队审计部门不得不花费大量的时间对相关的财务事项进行详细审计。因此，在防止财务报表的重大错报上，如果内部控制能够发挥作用，那么将内部控制作为设计审计程序、分配审计资源的依据，对提高军队绩效审计效率而言，意义重大。从实体形态上，内部控制可以作为分配审计资源、设计审计程序的依据，使军队绩效审计能最大限度地利用现有审计资源，最充分地挖掘军事人力、物力和财力资源的潜力，对军事经济活动进行鉴证和评价，得出军事项目的经济性、效率性、效果性的评价结果；从价值形态上，内部控制使军队绩效审计投入的审计成本（包括时间、人力、物力）减少，而不影响审计结果的客观公正，并提出客观有效的审计建议，最终改善被审计单位的管理素质，提高军事经济效益。

本章小结

　　本章主要分析了完善军队绩效审计推广应用支持环境的几个方面，包括完善政策法规的支持、组织管理的支持和制度环境的支持。各方面对军队绩效审计的重视、关注和支持可以达到改善军队绩效审计环境的目的。

结 论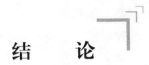

一、研究结论

军队绩效审计推广应用是一项战略任务，不仅关系着军队绩效审计实践的顺利开展，也是在为加快军队建设科学发展和促进战斗力生成模式转变贡献力量。基于绩效时代背景和战略环境的考量，本文进行军队绩效审计推广应用研究，围绕着"价值、功能定位（必要性）——战略环境分析（可行性）——战略执行（具体实施）"的思路，首先对军队绩效审计的价值进行定位，在价值增值定位基础上推演出军队绩效审计功能拓展的方向；其次分析了军队绩效审计推广应用的条件，在现有条件下对军队绩效审计推广应用总体战略进行分析，确定了战略目标和战略实施的基本途径；最后论述了战略执行的具体对策。

本文主要研究结论包括：

第一，价值增值是军队绩效审计的核心价值，也是军队绩效审计功能拓展的主要内容，引入价值增值能促进军队绩效审计更多地发挥建设性作用。

第二，军队绩效审计推广应用总体思路是战略执行和战略实现的有力指导。分析战略目标和战略选择有助于归纳战略实施的基本途径：一是选择重点领域试点先行；二是构建科学的评价体系；三是完善所需的支持环境。

第三，构建有效的军队绩效审计评价体系是军队绩效审计的重要内容，也是军队绩效审计推广应用不可忽视的重要环节。构建军队绩效审计评价体系时，评价指标的设置是起点，而评价标准的制定是核心工作内容。由于高质量的审计建议取决于评价体系设计是否合理，因而在设计评价体系时，要将目标设置、程序公平、正规化以及层次性四个维度进行有机整合、权变地运用，才能设计出科学的、有适应能力的评价指标体系，真正发挥军队绩效审计评价体系应有的决策有用功能。

二、后续研究方向

军队绩效审计推广应用研究具有较强的时代气息，是一个需要遵循军队绩效审计发展规律的课题，阶段论和发展论应该是贯穿始终的要求。本文还有许多问题尚待进一步深入研究：

一是，坚持军队绩效审计推广应用的持续研究。紧跟军队绩效审计发展进程，结合推广应用的效果，调整工作的方向，合理规划军队绩效审计改革路径的未来取向和实现途径。

二是，深化军队绩效审计评价体系的研究。构建军队绩效审计评价体系，要尽可能抓住与审计对象关系最为密切的关键绩效指标，还要进行具体评价标准的制定，以及如何组织军队绩效审计评价工作的研究。因为，设计有效的绩效审计评价指标只是开发和实施一个良好绩效审计评价体系的起点，而决定评价什么和怎样评价则是军队绩效审计工作的重点。

三是，根据国外实践经验和做法，绩效审计研究大多是实证研究。本文第六章也对评价体系与绩效改进的关系模型进行了实证研究，但限于自身条件，目前并没能获得大量统计数据资料进行比较分析。本文只是构建了研究的数量模型，今后军队绩效审计实践中，根据不断积累的审计数据便可以对模型结论进一步验证。因而论文的结论是较为初步的，有待于今后不断充实的审计数据资料来验证数理模型结论的可行性。

附录1 军队绩效审计评价体系设计量表

系统	变量	维度	具体维度
军队绩效审计评价体系设计	目标设置	目标明确性	明晰性
		项目复杂性	挑战性
			趋近－回避导向
	过程公平	评价过程具备形式正当性	评价人员听取被审计项目单位意见
			评价人员熟悉被审计单位及审计项目的内容
			评价标准被一致性地应用
			专门对评价人员进行评价标准、程序和方法培训
		评价过程具备互动建设性	评价人员会将评价结果与被审计项目单位沟通
			评价人员与被审计项目单位一起分析绩效差距
			被审计项目单位可以提出异议和改变评价结果
		评价过程具备结果合理性	评价结果反映了审计部门对审计对象的期望和职责的要求
			评价结果如实反映了审计对象的工作成果
			审计评价结果对军队预算经费调整有影响
	正规程度	评价程序正规化	军队审计部门有严格执行的绩效审计评价制度
			军队审计部门的绩效审计评价制度（目标、标准、程序、结果应用）规定非常详细
		评价执行正规化	审计项目绩效目标的实现程度直接与审计评价结果等级挂钩
			绩效审计评价追求定量化和精确化，一切以指标说话
			军队审计部门对审计对象的需求进行分析和评价
			军队绩效审计评价使用长期而非短期的衡量标准

续表

系统	变量	维度	具体维度
军队绩效审计评价体系设计	层次结构	评价对象的层次性	评价考虑审计对象的特殊性
			评价兼顾审计对象的利益、军事利益和社会利益
		评价源的层次性	参与评价的主体多元
		评价模式的层次性	定量指标和定性指标结合
			行为指标与结果指标兼顾
	项目绩效改进	任务绩效改进	经济绩效
			效率绩效
			效果绩效
			解决问题的能力
		关系绩效改进	工作热情
			严格配合执行规章制度
			履行、支持和维护绩效目标

附录2 军队绩效审计评价体系设置维度与绩效改进关系重要性调查问卷

[调查对象：军队审计人员]

尊敬的领导、战友：

您好，首先感谢您在百忙中填写本问卷。这是一份旨在探讨军队绩效审计评价体系设计机理的学术研究问卷，目的在于洞悉影响军队绩效审计评价体系设计的因素。本项研究非常需要您的参与和所填内容的真实性将决定研究的结果。本问卷项目无所谓对与错，内容也不涉及您所在单位的机密或者您个人的道德问题，并且是基于大样本的分析而得出结论，并不会单独报告您个人的结果，您的回答结果将被严格保密，因此请您仔细阅读指导语并如实填写。

在此对您的热忱协助与合作表示深深的感谢！

该问卷意图了解您所在单位审计部门进行军队绩效审计评价的现状，请从"从来没有到经常如此"做出从1~5的选择。其中，1代表对陈述结果完全不同意（或从不如此），2代表比较不同意（或基本没有），3代表不清楚，4代表基本同意（或有时如此），5代表完全同意（或经常如此）。

	1	2	3	4	5
1. 贵单位审计部门进行过严格的绩效审计评价活动	○	○	○	○	○
2. 上级审计部门对贵单位进行过严格的绩效审计评价	○	○	○	○	○
3. 贵单位审计部门认为按层次设计指标有利于评价工作和得出评价结果	○	○	○	○	○
4. 贵单位审计部门在进行正式的绩效审计评价前会提前告知被审计单位	○	○	○	○	○
5. 贵单位审计部门会和被审计单位一起分析审计对象的绩效差距	○	○	○	○	○
6. 贵单位审计部门设计的绩效审计评价目标符合审计对象的战略和管理要求	○	○	○	○	○
7. 贵单位审计部门对审计对象的绩效审计评价过程是公平的	○	○	○	○	○
8. 贵单位审计部门更认同明晰的和与审计对象能力相符的绩效审计评价目标	○	○	○	○	○
9. 贵单位审计部门绩效审计评价人员对审计对象的申诉非常重视	○	○	○	○	○
10. 贵单位审计部门制定的绩效审计项目的管理一切以目标为导向	○	○	○	○	○
11. 贵单位审计部门对审计对象的绩效审计评价标准与审计对象的工作内容是关联的	○	○	○	○	○
12. 贵单位的审计人员会与审计对象一起讨论部门或项目绩效目标	○	○	○	○	○
13. 贵单位审计部门作出的绩效审计评价结果的等级与审计对象绩效目标的实现程度直接挂钩	○	○	○	○	○
14. 贵单位审计部门绩效审计的评价目标、标准、程序、结果规定非常详细	○	○	○	○	○
15. 贵单位审计部门制定的评价标准会一致性地应用	○	○	○	○	○
16. 贵单位绩效审计评价能反映上级部门对审计对象的工作期望和职责要求	○	○	○	○	○
17. 上级部门或贵单位专门对审计评价人员进行过评价标准、程序和方法的训练或提出过要求	○	○	○	○	○

18. 贵单位审计部门和审计人员理解绩效审计评价的标准

19. 上级部门或贵单位评价政策规定要接受培训

20. 贵单位审计部门作出的绩效审计评价结果如实地反映了审计对象的工作成绩

21. 贵单位审计部门制定绩效审计评价时追求定量化和精确化，一切以指标说话

22. 贵单位审计部门认为具体的和富有挑战的绩效审计评价目标有助于审计对象更好地完成任务

23. 贵单位审计部门通过绩效审计评价目标导向，增强了审计对象回避工作失误的能力

24. 贵单位绩效审计评价人员非常熟悉审计对象的工作

25. 贵单位审计部门会对审计对象的需求进行分析和评价

26. 贵单位审计部门作出评价时会考虑审计对象的特殊性

27. 贵单位审计部门作出评价会兼顾审计对象自身的利益、军事利益和社会利益

28. 贵单位审计部门会考虑评价参与评价的主体多元性

29. 贵单位审计部门作出评价会兼顾审计行为指标与结果指标

30. 贵单位审计部门完成绩效审计任务的能力很强

31. 贵单位审计部门认真遵守那些虽不成文但有利于维持和提高绩效审计项目质量的规定

32. 贵单位审计部门从事的绩效审计项目进入门槛很低

33. 贵单位审计部门承担的绩效审计项目对技能知识更新速度要求很快

34. 贵单位审计部门认为对评价对象的细分有利于作出客观的评价结果

参考文献

［1］刘英迪．浅谈强化军事经济效益观念［J］．军事科学，2004（2）．

［2］马国贤．政府绩效管理［M］．上海：复旦大学出版社，2010（1）．

［3］尹志勇，王树义．国防预算概论［M］．北京：海潮出版社，2006（8）．

［4］刘洁，张代平，王磊．美国国防部规划计划预算与执行系统（PPBE）评析［J］．中国国防经济，2006（2）．

［5］Shafritz J M，E W Russel. International Encyclopedia of Public Policy and Administration：Vol：1～4．Boulder，Colorado：Westview Press，1998：286.

［6］蔡春．审计理论结构［M］．成都：西南财经大学出版社，1994（1）．

［7］蔡春，刘华学．绩效审计论［M］．北京：中国时代经济出版社，2006（6）：21.

［8］胡奕明，樊慧，罗继锋．政府绩效审计接受度实证研究［J］．审计研究，2012（3）．

［9］David Flint. Philosophy and Principles of Auditing-An Introduction[M]．London：Macmillan Education Ltd.，1988.

［10］王光远．管理审计理论［M］．北京：中国人民大学出版社，1996（9）：15.

［12］孙平．我国政府绩效审计问题研究［D］．东北林业大学博士论文，2006.

［13］邢俊芳，陈华，邹传华．最新国外绩效审计［M］．北京：中国审计出版社，2001：236，195，477，484.

［14］GAO Standards for Audit of Governmental Organizations，Programs，Activities and Functions，1994：14.

［15］约翰·格林．绩效审计［M］．徐瑞康，文硕，译．北京：中国商业出版社，1990：58.

［16］张海燕．国外绩效审计的挑战与对策［J］．中国审计，2005.

［17］王素梅．我国政府绩效审计发展的国家比较研究［J］．中南财经政法大学学报，2011（3）.

［18］宋常，吴少华．我国绩效审计理论研究回顾与展望［J］．审计研究，2004（2）.

［19］刘秋明．国际政府绩效审计研究———一个文献综述［J］．审计研究，2007（1）.

［20］范柏乃．政府绩效评估理论与方法［M］．北京：人民大学出版社，2005.

［21］欧阳华生．中国政府绩效审计研究：理论基础与制度变迁［M］．北京：经济科学出版社，2011.

［22］厉国威．西方国家开展政府绩效审计情况及对我国的启示［J］．经济问题，2006（8）.

［23］吕静．政府绩效评估发展趋势比较［J］．山西科技，2011（7）.

［24］邓莉芬．对政府绩效审计的思考［J］．审计与理财，2006（3）.

［25］Bredrup H. Background for Performance Management. In A. Rolstadas（ed.）Performance Management：A Business Process Benchmarking Approach，1995.

［26］Wholy Joseph S，Kathryn E. Newcomer and Associates Improving Government Performance：Evaluation Strategies for Strengthening Public Agencies and Programs. San Francisco：Jossey - Bass Publishers：2.

［27］董振海．在我国推行绩效预算的理论与实践思考［D］．财政部财政科学研究所博士论文，2007.

［28］Wildavsky A. Political Implications of Budget Reform：A Retrospective. Public Administration Review，1992：52.

［29］Axelrod D. Budgeting for Modern Government. NewYork：St. Martin's Press，INC.，1998.

［30］徐震，喻志刚．论联合国绩效预算模式及其对绩效审计的启示［J］．审计与理财，2005（9）.

［31］罗美富，李季泽，章轲．英国绩效审计［M］．北京：中国时代经济出版社．2005.

［32］冯根松，田云桥，樊恭嵩．军队绩效审计研究［M］．北京：军事科学出版社，2007.

［33］王鸿．建设性审计价值理念与国家审计的发展［N］．中国审计报，2009－02－13（005）.

［34］Michal P C. 管理审计职能［M］．李海风，等，译．北京：清华大学出版社，2004.

［35］蔡春，陈孝．当代审计功能拓展研究的概念框架［G］．中国会计学会2005年学术年会论文集，2005（7）.

［36］林启云．注册会计师非审计业务研究［M］．大连：东北财经大学出版社，2002.

［37］陈孝．现代审计功能拓展［D］．西南财经大学博士论文，2006.

［38］朱翠兰．审计学基础［M］．长沙：国防科技大学出版社，2003.

［39］蔡春，陈孝．"审计风暴"带来的思考和启示［J］．中国审计，2004（17）.

［40］蔡春．审计理论结构研究［M］．大连：东北财经大学出版社，2001：39.

［41］徐旭东．审计师企业伦理鉴证服务研究——现代审计功能拓展与创新的一种解读［J］．商业会计，2007（8）.

［42］江涛．公共哲学［M］．北京：中共中央党校出版社，2003：72－73.

［43］杨时展．论文集［M］．北京：企业管理出版社，1997：65.

［44］Alan Lovell. Notions of Accountability and State Audit：A UK Perspective［J］. Financial Accountability & Management，1996（11）：266.

［45］Pallot J. Elements of a Theoretical Framework for Public Sector Accounting［J］. Accounting, Auditing and Accountability Journal，1992（1）：41.

［46］Day P，R Klein. Accountabilities：Five Public Service［M］. London：Tavistock Publications，1987：243.

［47］谢志华，孟丽荣，余应敏．政府绩效审计职能之二维层面：解除受托责任与实现决策有用［J］．审计研究，2006（3）.

［48］张寅晓．受托责任观与决策有用观在政府绩效审计中的融合［J］．财会月刊，2007（2）．

［49］杨应杰．内部审计的增值功效及实现途径探析［J］．金融会计，2007（10）．

［50］卢小平．贯彻落实军委《意见》要把握好三个环节［J］．军队审计，2012（1）．

［51］中华人民共和国审计署网站．www. audit. gov. cn.

［52］姜鲁明．中国国防预算制度的创新［M］．北京：经济科学出版社，2003.

［53］宋迎春．美国的政府绩效审计及其对我国的启示［J］．山东工商学院学报，2006（1）．

［54］张秀莲，杨肃昌．试论我国发展绩效审计的基本条件和思路［J］．开发研究，2007（1）．

［55］王会金．国外政府绩效审计评析与我国绩效审计战略［J］．会计研究，2010（5）．

［56］中华人民共和国审计法［J］．财会月刊，1994（12）．

［57］程庆，欧阳程．国防经济效益审计客体研究［J］．财会通讯，2008（9）．

［58］国外绩效审计理论与实务课题组．国外绩效审计理论与实务［M］．北京：中国时代经济出版社，2010.

［59］郝万禄，崔俊，黄薇．基于加快转变战斗力生成模式的军队绩效审计工作研究［R］．2011年军队审计理论研究中心理事论坛论文，2011（12）．

［60］公共支出绩效审计研究课题组．公共支出绩效审计研究［M］．北京：中国时代经济出版社，2007：24－26.

［61］埃尼斯 M 戴伊．FCA.亚洲发展中国家和工业化国家的绩效审计——谋求发展的机会［J］．经济纵横，2008（1）．

［62］倪巍洲．绩效审计过程中的目标选择与实现［J］．审计研究，2008（1）．

［63］Frode Brunvoll, Julie Hass, Henning Hoie. Overview of Sustainable Development Inductors Used by National and International Agencies. OECD Statistics

Papers，2002.

［64］Burke R J，Weitzel W，Weir T. Characteristics of effective employee performance review and development interviews：Replication and extension［J］. Personnel Psychology，1978（31）.

［65］Dean R Spitzer. Transforming performance measurement – rethinking the way we measure and drive organizational success［M］. New York：American Management Association，2007.

［66］中华人民共和国财政部预算司. 中国预算绩效管理探索与实践［M］. 北京：经济科学出版社，2013.

［67］刘家义. 积极探索中国特色的绩效审计，效益审计中国模式探索［M］. 北京：中国财政经济出版社，2005：26.

［68］王宏利. 财政支出、经济结构与预算绩效评价［M］. 北京：经济科学出版社，2011.

［69］陈国忠. 关于装备经费审计改革的思考［J］. 军队审计，2004（11）.

［70］翁亚芳，孙怀滨. 武器装备采办绩效审计评价指标体系及构建［J］. 军事经济研究，2009（1）.

［71］孙黄田. 关于装备经费审计的几点思考［J］. 军事学术，2001（7）.

［72］田博华. 军事装备经费审计：十年大回首［N］. 解放军报，1995.

［73］史冰，王乐三. 坚持"四个结合"提高军级单位装备经费审计效益［J］. 军队审计，2008（8）.

［74］王武新. 关于战备工程效益审计的思考［C］. 军队审计理论研究中心理事论坛论文选集，2006.

［75］李成新，郝先维，王贵明. 军队工程项目绩效审计评价指标模型设计研究［J］. 军队审计，2012（2）.

［76］程庆. 国防建设项目绩效审计研究［J］. 财会通讯，2010（5）.

［77］朱开明. 徐凯. 对重点战役方向国防工程投资效益的宏观思考［J］. 军事经济研究，2001（5）.

［78］胡锦涛. 坚定不移沿着中国特色社会主义前进道路，为全面建成小康社会而奋斗［J］. 党建，2012（12）.

［79］解放军审计署李清和审计长在全军审计工作会议上的报告［J］.军队审计，2012（3）.

［80］胡锦涛.中国共产党第十八次全国代表大会上的报告［N］.解放军报，2012－11－18.

［81］蔡春，李江涛.经济权力审计监控研究——审计理论研究的一个新领域［J］.审计与经济研究，2009（9）.

［82］肖绍萍.科学发展观在经济责任审计中的新应用［J］.会计之友，2012（12）.

［83］申承谊.绩效审计融入经济责任审计的四个途径［J］.审计月刊，2009（4）.

［84］饶世宏.经济责任审计在油田企业的转型思考［J］.审计月刊，2012（3）.

［85］李清和.围绕主题主线履行职责使命为军队建设科学发展提供坚强有力的审计监督服务保障［J］.军队审计，2012（1）.

［86］马慧琴.浅谈经济责任审计与绩效审计的有效结合.国家审计署网站，2013－04－16.

［87］中国人民解放军审计署.军队领导干部经济责任审计概论［M］.北京：解放军出版社，2005（9）.

［88］蔡春，陈晓媛.关于经济责任审计的定位、作用及未来发展之研究［J］.审计研究，2007（1）.

［89］李东，曹海静.绩效管理为什么在中国失效［J］.商务周刊，2006（5）.

［90］马君.企业绩效评价系统内在设计机理研究［J］.科研管理，2010（6）.

［91］马君.企业绩效评价系统类型及适用性［J］.企业管理，2008（4）.

［92］Greenberg J. A taxonomy of organizational justice［J］. Academy of Management Review，1987，Vol. 12（1）：9－22.

［93］Livingston J S. Pygmalion in Management［J］. Harvard Business Review，1988，Vol. 66（5）：121－130.

［94］Locke E A，Bryan S F. Performance goals as determinants of level of performance and boredom ［J］. Journal of Applied Psychology, 1967, 51: 120 – 130.

［95］ Klein H J, Wesson M J, Hollenbeck J R, Alge B J. Goal commitment and the goal setting process: Conceptual clarification and empirical synthesis ［J］. Journal of Applied Psychology, 1999, 64: 885 – 896.

［96］ David Attonion. Improve the performance management process before discounting performance appraisal ［J］. Compensation and Benefits Review, 1994, Vol. 26 （3）: 29 – 37.

［97］ 郭亚军. 综合评价理论与方法 ［M］. 北京: 科学出版社, 2002.

［98］ 罗新兴. 绩效评核的程序正义之研究——探讨受评者正义知觉之前因及影响 ［D］. 台湾大学商学研究所博士论文, 2000.

［99］ Douthitt E A, Aiello J R. The role of participation and control in effects of computer monitoring on fairness perceptions, task satisfaction, and performance ［J］. Journal of Applied Psychology, 2001, 86 （5）: 867 – 874.

［100］ Barlow G. Deficiencies and perpetuation of power: Latent functions in management appraisal ［J］. Journal of Management Studies, 1989, Bol. 26 （5）: 499 – 519.

［101］ Paul E Levy, Jane R Williams. The social context of performance appraisal: A review and framework for the future ［J］. Journal of Management, 2004, 30: 881 – 905.

［102］ Latham G P, Baldes J. The "practical significance" of Locke's theory of goal setting ［J］. Journal of Applied Psychology, 1975, 60: 122 – 124.

［103］ Sndre de Waal. Power of performance management: How leading companies create sustained value ［M］. John Wiley & Sons. Inc. 2001.

［104］ 马君, 王晓红. 基于元评价视角的绩效评价系统设计机理研究综述 ［J］. 外国经济与管理, 2008 （3）.

［105］ Jawahar I. The Influence of Perceptions of fairness on performance appraisal reactions ［J］. Journal of Labor Research, 2007, 28 （4）: 735 – 754

［106］ 张伶, 张大伟, 谢晋宇. 绩效评估系统模式研究: 组织公正视角 ［J］. 经济管理, 2006 （12）.

［107］ Brockner J. Why it's so hard to be fair ［J］. Harvard Business Review,

2006, Vol. 84 (3): 122 – 129.

[108] Hackman J R, Oldham G R. Development of the Job Diagnostic Survey [J]. Journal of Applied Psychology, 1975 (60): 159 – 170.

[109] 邓聚龙. 灰色系统基本方法 [M]. 武汉: 华中理工大学出版社, 1987.

[110] 李成新, 郝先维, 王贵明. 军队工程项目绩效审计评价指标模型设计研究 [J]. 军队审计, 2012 (2).

[111] 王庚, 王敏生. 现代数学建模方法 [M]. 北京: 科学出版社, 2006.

[112] 刘思峰. 灰色系统理论及其应用 [M]. 北京: 科学出版社, 1999.

[113] Douglas McGregor. Uneasy look at performance appraisal [J]. Harvard Business Review, 1957, 35 (3): 89 – 94.

[114] Bass B. Leadership and performance beyond expectations [M]. New York: Free Press, 1985.

[115] Chistopher Polio. Performance Audit in Western Europe: Trends and Choices. Critical Perspectives on Accounting, 2003 (14): 161.

[116] 刘力云. 当前效益审计研究中应该注意的几个问题 [EB/OL]. (2004 – 05 – 20). http://www.audit.gov.cn.

[117] 马蕾. 刍议绩效审计评价标准及其选择 [J]. 会计之友, 2010 (8).

[118] 审计署审计科研所课题组. 效益审计程序与方法研究 [R]. 研究报告, 2004.

[119] 审计署审计科研所课题组. 政府绩效评价体系研究 [R]. 研究报告, 2004.

[120] 政府审计管理协调机制研究课题组公共资源审计——构建和谐社会的必然趋势 [J]. 中国审计, 2006 (23).

[121] 陈全民. 中国政府绩效审计模式研究 [D]. 中国农业大学博士论文, 2005.

[122] 审计署外事司. 国外效益审计简介 [M]. 北京: 中国时代经济出版社, 2003.

［123］陈晓东，孙泽．军队预算控制论［J］．军事经济研究，2004（12）.

［124］白景明．推行绩效预算必须解决的四个重要问题［J］．财贸经济，2004（4）.

［125］姜国禹，等．论军队预算编制改革配套措施建设［J］．军事经济研究，2005（5）.

［126］方红星．内部控制、审计效率与审计有效性——以及据此对我国新审计准则体系的相关解读与评论［J］．中国审计师，2006（3）.

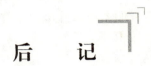

后　记

本篇博士论文到此告一段落，写这样一篇论文对我来说真不是一件轻松的工作：从中期筛选到开题报告，再到真正撰写论文，都围绕着要选择一个有意义、有延展性、可控制的题目绞尽脑汁。军队绩效审计这样一个论题还处于理论的积累和实践的突破阶段，关于这一问题的研究，既是军事理论研究的一个热点，也是军事理论研究的一个重点，更是新的理论增长点。不仅如此，研究还需要对军队绩效审计进行合理定位，对于历史文献的解剖能力、对军队审计实践工作的熟悉程度以及对军队审计理论发展的把握水平均有较高的要求。还有太多的背景、因果关系、历史根源，我无法也无力涉及。真是"写，然后知不足"。

然而，写作也有快乐。它使我能够沉下心来，踏踏实实进行着阅读文献资料的有益工作，当自己与原文见面，去思索、去分析、去比较，特别是当还有一点小小的发现时，心中便充满了快乐的感觉。

写完这篇论文，也算给自己三年的博士生涯做一个总结。三年里，专家教授们给予我的教诲、扶持和帮助，是绝对不能忘记的。在我求学的过程中，尤其是论文写作过程中，我的导师刘金文教授总是给我最大的鼓励、指导和帮助，刘教授的严谨精神与宽和态度是我前进的不竭动力和无形鞭策，她对我的关心和爱护也使我只能用更好的研究来回报。吕天宇主任、欧阳程教授、肖文八教授、陈雄智教授、于吉全教授、黄瑞新教授、熊友存教授在我论文的开题和预答辩过程中所提出的宝贵意见，给我很大的启迪。也感谢张巍博士、孙红亮、潘倩、赵建平、王飞学友在不同的场合给予我的帮助与方便。

在儿时的心目中，"博士"是遥不可及的高大形象，没想到光阴流转，自己竟也站在"博士殿堂"的门口了。十年寒窗苦，深深地感谢我的父母，感谢他们为我所做的、所默默承担的一切。也感谢我的丈夫周洲博士，他的智慧与关爱、他所给予的永不衰竭的支持，是我前进的动力，使我们能经历多年同甘共苦的磨炼。还有我两岁的儿子 Summer，他纯真的笑容总能让我瞬间忘掉一切烦恼。感谢你们，我的路上，始终有你们温暖的目光。

作　者

二〇一三年六月于军院

图书在版编目（CIP）数据

军队绩效审计推广应用研究／张惠英著. —北京：

中国时代经济出版社，2014. 10

ISBN 978-7-5119-2202-1

Ⅰ. ①军…　Ⅱ. ①张…　Ⅲ. ①军队审计－研究－中国

Ⅳ. ①E232. 6

中国版本图书馆 CIP 数据核字（2014）第 244173 号

书　　名：	军队绩效审计推广应用研究
作　　者：	张惠英

出版发行：中国时代经济出版社

社　　址：北京市丰台区玉林里 25 号楼

邮政编码：100069

发行热线：（010）68320825　88361317

传　　真：（010）68320634　68320697

网　　址：www. cmepub. com. cn

电子邮箱：zgsdjj@ hotmail. com

经　　销：各地新华书店

印　　刷：北京市荣海印刷厂

开　　本：787×1092　1/16

字　　数：170 千字

印　　张：11

版　　次：2014 年 10 月第 1 版

印　　次：2014 年 10 月第 1 次印刷

书　　号：ISBN 978-7-5119-2202-1

定　　价：33. 00 元